AS PRÁTICAS PARA A
PROSPERIDADE DE

O HOMEM MAIS RICO *da* BABILÔNIA

AS PRÁTICAS PARA A
PROSPERIDADE DE

O HOMEM MAIS RICO da BABILÔNIA

GEORGE S. CLASON
interpretado por
Karen McCreadie

Veríssimo

COPYRIGHT © FARO EDITORIAL, 2025

Todos os direitos reservados.
Nenhuma parte deste livro pode ser reproduzida sob quaisquer meios existentes sem autorização por escrito do editor.

Diretor editorial **PEDRO ALMEIDA**
Tradução **CARLOS SZLAK**
Preparação **RAFAEL RODRIGUES**
Revisão **PROJECT NINE E GABRIELA DE AVILA**
Capa e projeto gráfico **VANESSA S. MARINE**

Dados Internacionais de Catalogação na Publicação (CIP)
(Câmara Brasileira do Livro, SP, Brasil)

McCreadie, Karen
  As práticas para a prosperidade de o homem mais rico da Babilônia de George S. Clason / por Karen McCreadie ; tradução Carlos Szlak. — Barueri, SP : Farol Editorial, 2025.

Título original: George S. Clason's the richest man in Babylon.
ISBN 978-65-5957-762-0

1. Dinheiro - Administração 2. Economia 3. Finanças pessoais 4. Investimentos 5. Riqueza 6. Sucesso I. Título.

15-01684   CDD-330.16

Índice para catálogo sistemático:
1. Riqueza : Teorias : Economia 330.16

2ª edição brasileira: 2025
Direitos desta versão em língua portuguesa, para o Brasil, adquiridos por FARO EDITORIAL.

Avenida Andrômeda, 885, Sala 310 – Alphaville
Barueri – SP – Brasil
CEP: 06473-000
www.faroeditorial.com.br

SUMÁRIO

Introdução **9**

1.	Deixe a revolta levá-lo à mudança	**10**
2.	Diga-me com quem andas e eu te direi quem és	**11**
3.	Trabalho duro não é garantia de riqueza	**13**
4.	Vá atrás de conselhos sábios.....................	**14**
5.	A alegria da renda residual	**15**
6.	Concentre-se e ganhe com isso...................	**17**
7.	O destino caprichoso não o deixará rico	**18**
8.	O efeito da avareza	**20**
9.	A primeira lição: antes de tudo, poupe............	**21**
10.	Vá atrás de conselhos sábios, mas das pessoas certas	**23**
11.	Defina o seu objetivo	**24**
12.	Disciplina e consistência são fundamentais..........	**25**
13.	Se algo é bom demais para ser verdade............	**27**
14.	Pague impostos justos	**28**
15.	Comece a fazer seu dinheiro crescer	**30**
16.	Controle seus gastos	**31**
17.	Ninguém consegue ter tudo o que quer............	**32**

18.	Multiplique seu dinheiro........................	**34**
19.	Novas maneiras de multiplicar seu dinheiro.........	**35**
20.	O milagre dos juros compostos...................	**37**
21.	Proteção contra perdas........................	**38**
22.	Invista em projetos plausíveis...................	**39**
23.	Dicas para um mau investimento..................	**41**
24.	Tenha sua casa própria........................	**42**
25.	Faça um seguro para o futuro....................	**44**
26.	Aumente sua capacidade de ganho................	**45**
27.	Pague suas dívidas pontualmente.................	**47**
28.	Faça seu testamento..........................	**48**
29.	Tenha compaixão pelas pessoas com necessidades...	**50**
30.	O que você aprendeu na escola?..................	**51**
31.	Há um jeito de atrair a boa sorte?.................	**52**
32.	A boa sorte recompensa aos que reconhecem a oportunidade....................	**54**
33.	Não protele: o adiamento destrói as oportunidades...	**55**
34.	Demonstre seu valor..........................	**57**
35.	Faça investimentos com homens sábios.............	**58**
36.	Escolha agir em detrimento do remorso.............	**60**
37.	Riquezas da internet..........................	**61**
38.	Nunca empreste dinheiro para amigos e familiares....	**63**
39.	Dívida boa *versus* dívida ruim...................	**64**
40.	Reduza seus riscos...........................	**66**
41.	Tome cuidado com algo flamejante................	**67**
42.	Lucro alto significa risco alto....................	**69**
43.	Você enxerga o mundo com que cor?...............	**70**
44.	Não fuja das dívidas..........................	**72**
45.	A determinação é capaz de solucionar qualquer coisa	**73**
46.	A importância de estabelecer objetivos.............	**74**
47.	O plano de pagamento de dívida de Dabasir.........	**76**
48.	Tome a iniciativa.............................	**77**
49.	Para onde vai o seu dinheiro?....................	**79**
50.	A disposição ajuda a ganhar dinheiro...............	**80**
51.	As origens humildes não representam empecilho.....	**82**
52.	A importância do espírito empreendedor............	**83**
	Conclusão.................................	**85**
	Material de referência.........................	**87**

INTRODUÇÃO

> *Em 1926, George S. Clason lançou o primeiro de uma famosa série de folhetos sobre poupança e sucesso financeiro, utilizando parábolas da antiga Babilônia para transmitir suas ideias. Esses folhetos foram distribuídos aos milhões e acabaram sendo reunidos e publicados como* **The Richest Man in Babylon** *(O homem mais rico da Babilônia). Desde então, milhões de exemplares foram vendidos e o livro se tornou um clássico moderno e inspirador.*

Acho justo advertir que algumas pessoas não gostam dos segredos revelados por Clason em relação à riqueza. *O homem mais rico da Babilônia* é a antítese da sociedade moderna. Soluções mágicas e milagrosas fazem o estilo de muita gente (ainda que, no fundo, todos saibam que não funcionam), então, essas pessoas ficam desapontadas. Não é um livro para pessoas que fogem do *trabalho* ou que *não entendam que o resultado de todo investimento não é imediato.*

O homem mais rico da Babilônia não oferece soluções rápidas, mas os métodos propostos para o pagamento integral de dívidas, geração de renda e construção de riqueza são tão válidos e aplicáveis hoje em dia quanto eram há mais de 8 mil anos, na Babilônia. E os babilônios sabiam algo a respeito de dinheiro.

Nas páginas da história, não existe cidade mais fascinante que a Babilônia. Seu nome evoca visões de riqueza e esplendor, e, no entanto, a cidade se situava às margens do rio Eufrates, num vale extenso e árido. Não existiam florestas, nem minas — nem mesmo pedras para construção —, mas, apesar desses desafios, a Babilônia progrediu no deserto como exemplo notável da capacidade humana de alcançar grandes feitos, independente das circunstâncias.

Em certa medida, a Babilônia era como a atual Dubai. As localizações geográficas dos dois centros de riqueza não eram boas, mas a inventividade (e os recursos financeiros absurdos) possibilitou o impossível — ainda que Dubai represente algo mais ostentoso e, sem dúvida, muito menos prático que as realizações babilônicas.

As expedições arqueológicas financiadas por museus europeus e norte-americanos descobriram que os babilônios eram um povo educado e evoluído. Até onde os registros históricos podem documentar, os babilônios foram os primeiros engenheiros, astrônomos, matemáticos, financistas e também foram o primeiro povo a ter linguagem escrita. As escavações no território babilônico desenterraram bibliotecas inteiras, contendo centenas de milhares de tábuas de argila gravadas, das quais foram retiradas as informações que constituem a base do que sabemos sobre os babilônios.

Os seus feitos são inacreditáveis ainda hoje. Estima-se, por exemplo, que os muros que cercavam a Babilônia tinham quase cinquenta metros de altura (o equivalente a um prédio de quinze andares), até dezoito quilômetros de comprimento e largura suficiente para uma carruagem de seis cavalos, que fazia a patrulha. Os muros internos que protegiam o palácio da família real eram ainda mais altos, e os sistemas de irrigação transformaram o vale árido num paraíso agrícola.

Os babilônios eram financistas e negociantes brilhantes. Eles foram os inventores do dinheiro como meio de troca, das notas promissórias e dos títulos de propriedade de imóvel por escrito. Então, quem melhor para nos ensinar algo a respeito de prosperidade?

Este livro aborda as 52 Idéias mais importantes do original de Clason, aplicados a vida moderna, e todos poderão comprovar a relevância duradoura de seus conselhos. É o livro ideal para quem vive numa gangorra financeira ou mesmo atolado em dívidas; mas também é importante para quem estiver preocupado acerca de seu futuro porque não tem economias, ou se simplesmente gostaria de criar um sistema para construir ou solidificar um patrimônio pessoal ou familiar. A sabedoria contida em *O homem mais rico da Babilônia* é atemporal.

1. DEIXE A REVOLTA LEVÁ-LO À MUDANÇA

> No capítulo inicial de seu livro, intitulado "O homem que desejava ouro", Clason relata a história de um fabricante de carruagens chamado Bansir. Bansir está contando um sonho para o seu amigo Kobbi. Nesse sonho, ele era um homem rico. No entanto, "Quando acordei e me lembrei de que não tinha um centavo, um sentimento de revolta tomou conta de mim", Bansir revela.

Esse sentimento de revolta é uma força poderosa de transformação e, muitas vezes, atua como ponto de ignição ou ponto não retornável. Finalmente, Bansir está sentindo raiva; finalmente, compreendeu que, apesar dos anos de trabalho árduo e aplicado, ainda não tem nenhum ouro em sua bolsa. E é essa emoção que o impulsiona rumo à transformação financeira.

Esse é o momento mágico da compreensão. É o momento do "basta!", do "chega!". Algo precisa mudar, e a única pessoa capaz de mudar a situação é você. Muitos palestrantes de desenvolvimento pessoal falam a respeito disso, e um dos mais famosos é Anthony Robbins. Ele fala do próprio ponto de ignição, quando se descobriu falido com 22 anos de idade. Ele morava num apartamento de solteiro de 35 metros quadrados e lavava a louça na banheira. Gordo e infeliz, deu um soco na parede — Robbins estava cheio da revolta mencionada por Bansir — e prometeu a si mesmo que daria uma reviravolta em sua vida.

E Robbins conseguiu essa reviravolta. Atualmente, ele comanda diversos negócios bem-sucedidos: orienta algumas das pessoas mais poderosas do mundo, seus seminários são vistos por milhões, e ele é tão rico que muitos de nós nem podemos imaginar o quanto.

Tudo o que fazemos, fazemos por algum motivo. Esses motivos existem para obtermos prazer ou para evitarmos dor. O motivo pelo qual o ponto de ignição é tão

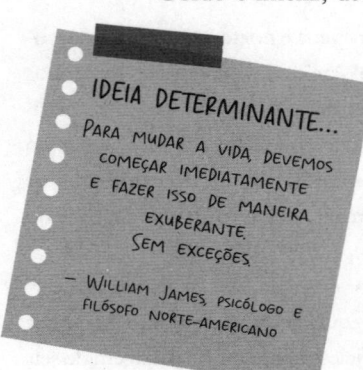

IDEIA DETERMINANTE...
Para mudar a vida, devemos começar imediatamente e fazer isso de maneira exuberante. Sem exceções.
— William James, psicólogo e filósofo norte-americano

potente é que sempre vamos nos esforçar mais para evitar a dor do que para obter prazer. Isso é evidente quando se considera nosso instinto de sobrevivência. É mais comum sermos forçados a agir em nossos momentos mais delicados, pois o desejo de sobreviver é muito forte, e somos levados a reagir lutando ou fugindo para escapar do perigo e da dor. Então, se você, como Bansir, atingiu seu próprio ponto de não retorno, empolgue-se, pois a mudança está no ar.

Infelizmente, para muitas pessoas as coisas nunca ficam tão ruins... Sempre me lembro de uma amiga falando a respeito de seu relacionamento: "Não é tão bom para ficar, mas não é tão ruim para sair". É por situações assim que, muitas vezes, a revolta que nos levaria ao ponto de ignição não nos atinge. A situação não é tão ruim, ou seja, estamos na Terra da Inércia. Não há prazer, mas não existe dor suficiente para motivar a mudança. Portanto, se você quiser mudar seu destino financeiro, quanto antes você alcançar o ponto de virada, melhor.

> **UMA IDEIA PARA VOCÊ...**
>
> Se sua situação financeira não for tão ruim, mas ainda estiver longe daquela que você almeja, então você precisará aproveitar melhor as oportunidades. Faça o teste da cadeira de balanço. Imagine-se com oitenta anos explicando para sua neta de cinco anos os seus arrependimentos: o que você perdeu e como isso afetou os seus entes queridos. Utilize esses sentimentos para incitá-lo à ação.

2. DIGA-ME COM QUEM ANDAS E EU TE DIREI QUEM ÉS

Bansir, que está confuso com sua própria situação, diz para um amigo: "Ganhamos muito dinheiro ao longo dos anos... Você, meu melhor amigo, depois de passar metade da vida trabalhando duro, não tem um centavo... E admito que minha bolsa está tão vazia quanto a sua. Qual é o nosso problema?"

Parte do problema se deve ao fato de que pessoas com qualidades semelhantes tendem a andar juntas. Como seres humanos, decidimos aquilo que é aceitável e "normal" observando as pessoas ao nosso redor. Isso significa que nossos pais, professores e amigos exercem grande influência sobre o que acreditamos ser possível em nossas vidas. O lado positivo disso é o sentimento de pertencimento a um grupo. O lado negativo é que, se tentarmos quebrar os paradigmas aceitos, provavelmente vamos nos deparar com olhares reprovadores.

Há uma experiência com macacos bastante conhecida que ilustra isso muito bem. Os cientistas colocaram diversos macacos numa grande área cercada. No meio dessa área, havia um mastro alto de madeira, com um cacho de bananas no topo. Ao tentar alcançar as bananas, os macacos eram atingidos por um jato de água. Embora a água não os machucasse, a experiência não era nada agradável. Com o tempo, todos os macacos pararam de tentar alcançar as bananas.

Então, os cientistas retiraram um dos macacos originais e adicionaram um novo macaco ao grupo. Embora aceito pelo grupo, assim que ele percebeu as bananas e foi tentar alcançá-las, todos os outros macacos o puxaram para fora do mastro, ainda que dessa vez não houvesse jato de água. Eles foram condicionados a acreditar que a escalada do mastro era equivalente à dor. Assim, estavam "salvando" o novo macaco do perigo.

Em pouco tempo, o novo macaco parou de tentar escalar o mastro. No fim, todos os macacos originais foram substituídos, um por um, até que nenhum dos macacos na área cercada tivesse testemunhado ou experimentado o jato de água. No entanto, nenhum deles tentou escalar o mastro para conseguir as bananas.

Tal como esses macacos, julgamos o que é aceitável para aqueles ao nosso redor. Se você está endividado e sua família e seus amigos estão endividados, então não pode ser tão ruim assim, certo? Na realidade, pode ser ruim, sim, mas é bem possível que, mesmo que você reconheça isso e procure mudar a situação, aqueles ao seu redor tentem "puxá-lo para fora do mastro". Até certo ponto, isso acontece porque eles não querem vê-lo fracassar, mas também porque não querem vê-lo ter sucesso. Caso contrário, eles também teriam que mudar. Se você fizer qualquer tentativa de alterar o *status quo*, tende a se deparar com alguma resistência. Infelizmente, muitas vezes são aqueles que supostamente mais nos amam que mais nos desencorajam.

> ## Uma ideia para você...
>
> Em que acreditam aqueles mais próximos de você a respeito de dinheiro? Se não sabe, pergunte. Você talvez se surpreenda ao descobrir que vocês são parecidos em termos do que ganham, do que gastam e do quanto devem. Veja se eles também gostariam de mudar de situação e criar um clube do *Homem Mais Rico da Babilônia* para apoio mútuo.

3. TRABALHO DURO NÃO É GARANTIA DE RIQUEZA

Bansir lamenta: "Desde o amanhecer até a escuridão me interromper, trabalhei para fabricar as melhores carruagens que qualquer homem seria capaz de produzir, esperando com o coração cheio de misericórdia que os deuses reconhecessem minhas dignas ações e me concedessem grande prosperidade. Eles nunca fizeram isso. Finalmente, convenci-me de que nunca o farão".

Na escola, aprendemos que, se trabalharmos duro e tirarmos boas notas, teremos um bom trabalho e tudo dará certo. Talvez no passado essa ideia fosse válida; sem dúvida, o conceito de um emprego para o resto da vida era comum. No entanto, não é mais assim. O trabalho duro sozinho não é um bilhete para a riqueza. Na verdade, nunca foi.

Consideremos Charles Goodyear. Seu nome é sinônimo de sua inovação mais importante: o pneu para carro. Goodyear desenvolveu o processo de vulcanização, convertendo a borracha num material com usos ilimitados. Ele era muito inventivo e perseguiu suas ideias com determinação e paixão, mas o trabalho duro e a inventividade não o deixaram rico. Em certo momento, ele e sua família não tiveram outra opção a não ser viver em uma de suas fábricas de borracha malsucedidas, em Staten Island, comendo os peixes pescados por ele no rio. Apesar da contribuição inegável de Goodyear para o mundo, ele nunca se beneficiou financeiramente. Ele era, segundo a opinião geral, um sujeito azarado e, sem dúvida, não era nada bom nos negócios, mas permaneceu bastante filosófico a respeito do fato: "A vida não deve ser avaliada exclusivamente pelo padrão de dólares e centavos. Evito me queixar do fato de que plantei e outros colheram os frutos. Um homem tem motivos para se lamentar somente quando ele semeia e ninguém colhe".

E ainda há outro detalhe: o quanto você ganha nem sempre corresponde ao seu potencial de acumular riqueza. Existem motoristas de caminhão e faxineiros de escritório que acumularam riqueza calmamente, usando técnicas que remontam à Babilônia, há mais de 8 mil anos. Também existem corretores da bolsa de valores ambiciosos, com bônus de milhões de dólares, que vivem muito além de seus meios, e que, de certa forma, estão piores que pessoas sem dinheiro. Assim, o montante de dinheiro que você ganha também é irrelevante.

Desde que você tenha uma renda ou um modo de ganhar dinheiro, você tem o potencial de criar riqueza. O trabalho duro, sem consideração por aquilo que você faz com seus ganhos, é tão inútil quanto a preguiça. Você deve ser sagaz a respeito do que faz com o que ganha, independente do montante. Caso contrário, você acabará constatando, como Bansir constatou, que você trabalhou *"ano após ano, levando uma vida de escravo. Trabalhando, trabalhando, trabalhando. Sem chegar a lugar nenhum..."*.

> **IDEIA DETERMINANTE...**
>
> Quando um homem lhe diz que ficou rico por meio de trabalho duro, pergunte-lhe: "De quem?"
>
> — Don Marquis, escritor norte-americano

O mundo não tem obrigação de nos dar um meio de vida. Portanto, precisamos tomar conta de nosso dinheiro.

> **UMA IDEIA PARA VOCÊ...**
>
> Se você estiver trabalhando duro e se perguntando sobre o destino do seu dinheiro, descubra. Examine as contas do último mês e calcule onde seu salário foi gasto. Não faz sentido trabalhar como um burro de carga se o dinheiro que você ganha escorre pelas suas mãos. Primeiro faça uma estimativa do que você gastou em coisas distintas e, em seguida, calcule o seu gasto real.

4. VÁ ATRÁS DE CONSELHOS SÁBIOS

> Percebendo, pela primeira vez, a insignificância da posição deles, Kobbi sugere: "Talvez devêssemos descobrir como os outros conquistaram riquezas, fazendo o mesmo que eles fizeram, não?". E assim os dois amigos decidem visitar um velho amigo deles, Arkad, o homem mais rico da Babilônia. Afinal de contas, "Não custa nada pedir conselhos sábios...".

De acordo com o sociólogo Morris Massey, passamos por três estágios principais de desenvolvimento, dos quais resultam a pessoa que nos tornamos quando jovens adultos. Do nascimento até os sete anos, estamos no "período de impressão", ou seja, é a época em que absorvemos todas as informações do nosso ambiente e adotamos características dos nossos pais ou dos nossos primeiros cuidadores. Em seguida, vem o "período de modelagem", e, nos sete anos seguintes, olhamos para fora de nosso ambiente para acharmos pessoas que nos inspirem e ensinem. É a época em que temos pôsteres de super-heróis pendurados em nossas paredes, veneramos as lendas do rock e as pessoas que esperamos imitar. Dos 14 aos 21 anos, finalmente passamos pelo "período de socialização", onde começamos a testar os limites que estabelecemos e desenvolver o que "se encaixa" em nós.

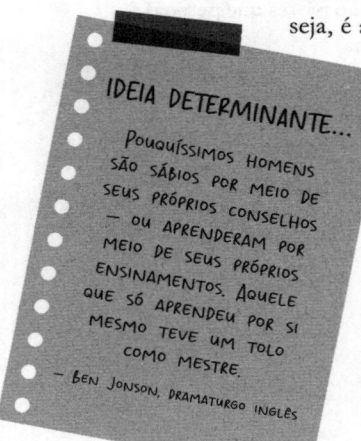

IDEIA DETERMINANTE...

Pouquíssimos homens são sábios por meio de seus próprios conselhos — ou aprenderam por meio de seus próprios ensinamentos. Aquele que só aprendeu por si mesmo teve um tolo como mestre.

— Ben Jonson, dramaturgo inglês

A fase de modelagem é parte extremamente importante de nossa evolução — e mesmo assim, quando nos tornamos adultos, deixamos de utilizar essa fonte de conhecimento. Nos esportes, a ideia de encontrarmos um treinador, ou seja, alguém que ajudou outras pessoas a alcançarem o que desejamos ou que alcançou aquele objetivo por si mesmo, é bem aceita, mas essa ideia não se traduz tão prontamente na construção da riqueza.

Quando Andrew Carnegie sugeriu que Napoleon Hill dedicasse sua vida a compreender o sucesso e a criar uma filosofia que os outros pudessem seguir para alcançar aquele resultado, o que ele fez? Hill se dirigiu a uma biblioteca? Iniciou um negócio para ver o que acontecia? Decidiu trabalhar por sua própria conta? Não. Hill procurou mentores, para que pudesse recorrer aos conselhos sábios deles. Ele teve acesso sem precedentes a alguns dos homens mais brilhantes, poderosos e ricos da época, para que pudesse descobrir, de fonte segura, como alcançaram o sucesso. Encontrou-se com mais de quarenta indivíduos proeminentes, incluindo Henry Ford, Theodore Roosevelt, John D. Rockefeller, Thomas Edison e F. W. Woolworth. Com seus *insights* e conhecimento, Hill foi capaz de sintetizar a filosofia relativa ao sucesso, e escreveu o mais importante livro de desenvolvimento pessoal já escrito: *Think and Grow Rich* (*Pense e enriqueça*).

A maneira mais rápida de aprender alguma coisa é aprender com alguém que já dominou a habilidade buscada por você. Talvez você se surpreenda ao descobrir que, quando inquiridas, a maioria das pessoas *"transmitirá de bom grado sua sabedoria, como os homens de grande experiência têm sempre o prazer de dar"*.

> **UMA IDEIA PARA VOCÊ...**
>
> QUEM VOCÊ CONHECE EM SUA COMUNIDADE LOCAL QUE É RICO OU BEM DE VIDA? A MAIORIA DAS PESSOAS FICA LISONJEADA SE VOCÊ PEDE CONSELHOS A ELAS. ENTRE EM CONTATO COM ELAS POR CARTA, OU PESSOALMENTE, E AS CONVIDE PARA ALMOÇAR, EM TROCA DE ALGUNS CONSELHOS A RESPEITO DE COMO ELAS SE TORNARAM TÃO BEM-SUCEDIDAS. O EGO É ALGO PODEROSO...

5. A ALEGRIA DA RENDA RESIDUAL

"Rendimentos, essa é a questão", Bansir exclamou. "Quero ter uma renda que continuará entrando em meu bolso quer eu esteja sentado sobre o muro ou esteja viajando para terras distantes". Bansir se admirou que Arkad obtivesse renda quer trabalhasse ou não, e quis aprender como fazer a mesma coisa.

Quando se trata de criar riqueza, a renda residual (que também é conhecida como renda passiva) é o Santo Graal. Todos nós sonhamos em ter uma profissão ou um negócio que gere dinheiro, independentemente de estarmos trabalhando no escritório, usando pijama em casa ou tomando sol numa praia de Acapulco.

Todos os anos sentimos inveja de Noddy Holder e dos garotos do Slade, que provavelmente ganharam mais dinheiro com "So here it is, Merry Christmas" do que com o restante de todo o seu repertório, e de George Michael, que provavelmente ainda está fazendo uma fortuna com "Last Christmas". E o que dizer de autores como J. K. Rowling e Stephen King, que continuam a receber direitos autorais muito depois de escreverem a última palavra de um de seus *best-sellers*?

Então, como você pode criar renda residual? De acordo com o escritor e guru da criação de riquezas Robert Kiyosaki, existem basicamente apenas duas maneiras: renda de investimentos ou renda de um negócio. Em seu livro *The Cashflow Quadrant (Independência Financeira)*, Kiyosaki afirma que há quatro modos de gerar renda:

E — Empregado
A — Autônomo
D — Dono de negócio
I — Investidor

Para Kiyosaki, a pior posição é como empregado. O governo toma a parte dele antes mesmo de a pessoa pôr as mãos em seu dinheiro; assim, a quantia que ela tem para investir a fim de criar mais riqueza é limitada de imediato. Para o autônomo, a situação frequentemente não é muito melhor, sobretudo porque muitas pessoas que decidem trabalhar por conta própria acabam trabalhando mais duro, por mais tempo e por menos dinheiro do que como empregadas.

A forma mais rápida de criar liberdade financeira é criando um negócio lucrativo e eficiente, que funciona com ou sem o envolvimento direto da pessoa. No entanto, isso é uma coisa mais fácil de falar do que de fazer. E, finalmente, os investimentos consistem em encontrar uma maneira de fazer o dinheiro que você ganha trabalhar ainda mais duro para você e, assim, criar renda adicional. Mas se renda é a chave, ganhar dinheiro é muito mais importante. Só assim você poderá investir alguma parcela da sua renda no futuro e, lentamente, multiplicar suas economias.

Arkad era o homem mais rico da Babilônia porque compreendeu a natureza do dinheiro e a necessidade de pôr o dinheiro que se ganha — não importa o quanto seja — para trabalhar pela pessoa. Essa estratégia o tornou um homem rico. É essa estratégia que você pode utilizar, quer você trabalhe para alguém, trabalhe por conta própria ou seja dono de seu próprio negócio.

> **IDEIA DETERMINANTE...**
> É preciso muita imaginação tanto para criar dívidas quanto para criar renda.
> — Leonard Orr, escritor norte-americano

> **UMA IDEIA PARA VOCÊ...**
>
> Renda é a chave para gerar riqueza, pois proporciona um ponto de partida para começar a multiplicação daquela riqueza. Invente cinco maneiras possíveis de você conseguir ganhar mais dinheiro. Há algo em que você seja bom ou que você gosta de fazer que possa ser comercializado na comunidade local? Seja criativo.

6. CONCENTRE-SE E GANHE COM ISSO

Kobbi ficou empolgado com a perspectiva de visitar Arkad e pedir a ele conselhos sobre como acumular riquezas. De maneira compreensível, ele afirma: "O senhor trouxe para a minha mente um novo entendimento. O senhor me fez perceber o motivo pelo qual nunca encontramos a riqueza: jamais a procuramos".

Bansir "trabalhara pacientemente para fabricar as carruagens mais sólidas da Babilônia". Kobbi se esforçara para "se tornar um hábil tocador de lira". Os dois concentraram seus esforços para se tornarem bem-sucedidos em suas áreas, e não para acumularem riqueza por meio das próprias habilidades. Esse é um erro comum.

Em 2004, o Prêmio IgNobel de Psicologia — destinado a pesquisas que "nos fazem rir e, depois, pensar" — foi concedido para Daniel Simons, da Universidade de Illinois, e para Christopher Chabris, de Harvard, por um estudo fascinante que ilustrou o poder do foco. Eles pediram que um grupo de pessoas assistisse a um vídeo de um jogo de basquete e, durante o jogo, elas tinham de anotar quantos passes um time deu. Ou seja, as pessoas foram informadas a respeito do que deveriam focalizar. Durante o vídeo, alguém numa fantasia de gorila entrou na quadra e, por sete segundos, perambulou entre os jogadores. Em certo momento, o gorila até se virou para a câmera e bateu no próprio peito. Mais tarde, quando os observadores foram questionados a respeito do vídeo, menos da metade deles tinha percebido o gorila. Por quê? Porque estavam tão concentrados na contagem dos passes que não viram mais nada, nem mesmo o gorila.

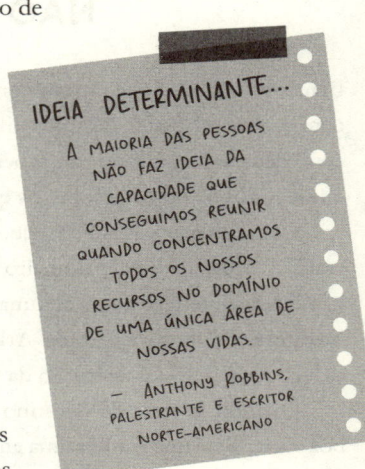

> **IDEIA DETERMINANTE...**
>
> A maioria das pessoas não faz ideia da capacidade que conseguimos reunir quando concentramos todos os nossos recursos no domínio de uma única área de nossas vidas.
>
> — Anthony Robbins, palestrante e escritor norte-americano

Isso também acontece na vida. Estamos tão ocupados em fazer um trabalho, e fazê-lo bem, que nos esquecemos de orientar nosso foco sobre os frutos daquele trabalho. Parte do motivo disso é que jamais somos ensinados a focar o dinheiro.

Uma das peculiaridades de vida é que algumas das mais importantes informações que precisamos para ter êxito não estão contidas no currículo escolar. Estamos parcialmente preparados para o mundo do trabalho, na medida em que podemos contar, escrever e nos comunicar até certo ponto, mas não estamos preparados para os resultados daquele trabalho. Não recebemos orientação acerca de como gerenciar o dinheiro e de como acumular e gerar riqueza para prover nossas famílias e nós mesmos. Não há foco no gerenciamento do dinheiro em nenhuma parte de nossa educação formal. Se houvesse, os contadores não estariam endividados.

Se você quiser mudar sua sorte financeira, terá de torná-la uma prioridade e se concentrar no resultado. Kobbi nos lembra: "Agora, finalmente, vemos uma luz, luminosa como a do sol nascente. Ela nos convida a aprendermos mais, para podermos prosperar mais".

> **UMA IDEIA PARA VOCÊ...**
>
> Faça uma lista de todas as coisas às quais você dedicou algum tempo (quer em ação ou em pensamento) na última semana. Considere onde você dedica seu tempo e onde seu foco está dirigido. Há alguma coisa entre elas que leva à acumulação de dinheiro e a tornar seguro financeiramente?

7. O DESTINO CAPRICHOSO NÃO O DEIXARÁ RICO

Bansir e Kobbi se encontram com Arkad e estão dispostos a aprender o "segredo" que fez com que eles tivessem destinos diferentes. Foi a sorte? Arkad adverte: "O 'destino caprichoso' é um deus cruel que não traz o bem duradouro para ninguém. Ao contrário, traz a ruína para quase todos os homens sobre os quais derrama ouro imerecido".

Como Bansir e Kobbi, frequentemente atribuímos o sucesso a fatores fora de nosso controle. A acumulação de dinheiro não depende de relações, riqueza já existente, *background*, habilidade, inteligência ou alguma outra das muitas "desculpas" possíveis de serem sugeridas. Nem mesmo da sorte. Como Arkad lembra aos seus velhos amigos, isso acontece "porque as leis que regem a construção da riqueza não foram aprendidas ou não foram observadas".

Quando se trata do "destino caprichoso", consideremos os ganhadores de loteria. Será boa sorte? Será que ganhar uma enorme soma de dinheiro coloca os ganhadores num caminho feliz e seguro? Aparentemente não. Embora seja difícil estabelecer a estatística verdadeira a respeito de quantos ganhadores de loteria acabaram falindo, os números são considerados altos. Se você acessar um mecanismo de busca da internet, digitar "ganhadores de loteria que perderam tudo", e consultar alguns dos cerca de 178 mil sites considerados relevantes, encontrará a mesma história repetida em todo o mundo.

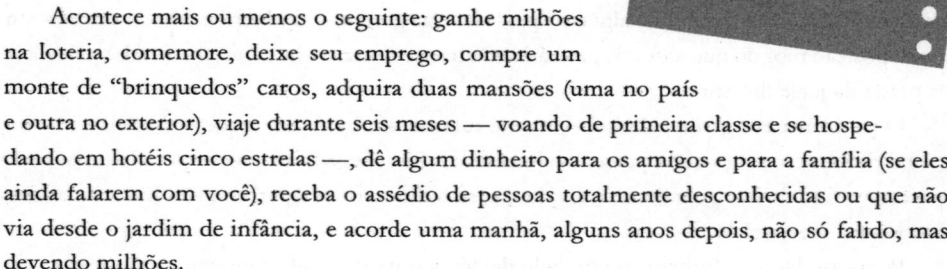

IDEIA DETERMINANTE...
UM TOLO E SEU DINHEIRO LOGO SE SEPARAM.
— Provérbio

Acontece mais ou menos o seguinte: ganhe milhões na loteria, comemore, deixe seu emprego, compre um monte de "brinquedos" caros, adquira duas mansões (uma no país e outra no exterior), viaje durante seis meses — voando de primeira classe e se hospedando em hotéis cinco estrelas —, dê algum dinheiro para os amigos e para a família (se eles ainda falarem com você), receba o assédio de pessoas totalmente desconhecidas ou que não via desde o jardim de infância, e acorde uma manhã, alguns anos depois, não só falido, mas devendo milhões.

Consideremos o caso de John McGuinness, por exemplo. Ele ganhou mais de 10 milhões de libras esterlinas num concurso da loteria britânica, em 1996. Nessa época, McGuinness ganhava apenas 150 libras esterlinas por semana e dormia no chão da casa dos pais depois de se separar de sua primeira mulher. Que Deus o abençoe: ele dissipou 3 milhões de libras esterlinas com sua família e até deu 750 mil libras esterlinas para sua ex-mulher. Comprou uma Ferrari Modena Spyder por 140 mil libras esterlinas, juntamente com outros cinco carros de luxo. Relaxou num cruzeiro pelo Caribe, comprou uma *villa* em Maiorca e gastou 200 mil libras esterlinas casando-se novamente. Em fevereiro de 2008, estava procurando uma casa popular na Escócia e devia 2,1 milhões de libras esterlinas. E John McGuinness não é uma exceção.

Arkad nos lembra de que dinheiro fácil é, na realidade, um falso deus que "gera esbanjadores desenfreados, que logo dissipam tudo o que ganham e que são acossados por apetites e desejos opressivos, que não têm capacidade de satisfazer".

UMA IDEIA PARA VOCÊ...

ESQUEÇA AS LOTERIAS. UTILIZE O DINHEIRO QUE VOCÊ GERALMENTE GASTA NELAS PARA PAGAR SUAS DÍVIDAS OU ACUMULAR RIQUEZA. SIM, VOCÊ TEM DE APOSTAR PARA GANHAR, MAS A GRANDE MAIORIA DAS PESSOAS NÃO GANHA MAIS DO QUE UMA QUANTIA INSIGNIFICANTE.

8. O EFEITO DA AVAREZA

> *Arkad prossegue e adverte a respeito do destino: "Mas outras pessoas favorecidas pelo destino se tornam avarentas e escondem suas riquezas, temendo gastar o que têm, sabendo que não têm a capacidade de repô-las. Além disso, são acossadas pelo medo de ladrões e se condenam a vidas vazias e angústias secretas".*

Quando a sorte bate à porta de algumas pessoas, elas gastam o dinheiro caído do céu e ficam numa posição pior do que antes de ganhá-lo. Outras se tornam avarentas, torturadas pela ideia da perda daquele dinheiro.

O problema em ganhar dinheiro, ou até mesmo em herdá-lo, é que o dinheiro não foi ganho por meio de algo que a pessoa realmente fez. Sua chegada aconteceu por algum motivo que estava fora do controle desse indivíduo, e, se o dinheiro desaparecer, não haverá maneira de a pessoa recuperá-lo.

Por outro lado, o dinheiro acumulado devido a uma atividade consciente coloca a pessoa de forma segura no comando de seu destino. Não há receio de que algo possa acontecer e causar a perda do dinheiro, pois, mesmo se a pessoa perdê-lo, ela sabe como voltar a ganhá-lo.

Consideremos o caso de Gerald Ratner, por exemplo. Algum tempo depois de começar a trabalhar na empresa da família, aos quinze anos, logo depois de terminar o ensino fundamental, ele passou a revolucionar o ramo varejista de joias. A Ratner's acumulou 1,2 bilhão de libras esterlinas em vendas, e ele era um homem muito rico. Então, Ratner fez um discurso famoso. Em 1991, diante de 6 mil profissionais do ramo, ele brincou, dizendo que os brincos da Ratner's eram "mais baratos que o sanduíche mais barato da Marks & Spencer, mas, provavelmente, não durariam muito". Ratner acrescentou: "Também fazemos jarros de vidro para xerez, que incluem seis copos e uma bandeja folheada a prata. Seu mordomo pode servir as bebidas nesse conjunto, tudo por 4,95 libras esterlinas. As pessoas perguntam: 'Como você consegue vender por um preço tão baixo?' Respondo: 'Porque não presta'". Ratner foi aplaudido de pé pelo discurso. Muitas vezes antes, ele já tinha contado as mesmas piadas; só que, nas ocasiões anteriores, a plateia não tinha jornalistas de tabloides. Seus comentários a respeito de sua própria mercadoria receberam ampla divulgação.

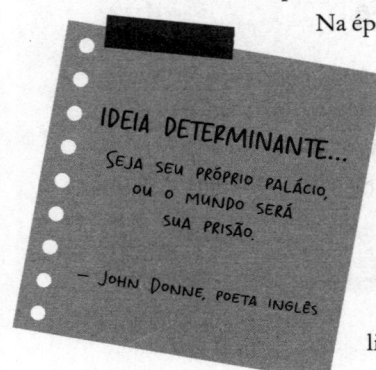

IDEIA DETERMINANTE...
SEJA SEU PRÓPRIO PALÁCIO, OU O MUNDO SERÁ SUA PRISÃO.
— JOHN DONNE, POETA INGLÊS

Na época desses comentários infelizes, a Ratner's era a maior rede varejista de joias do mundo, com lucros anuais superiores a 120 milhões de libras esterlinas. A gafe de Gerald Ratner afetou fortemente o preço das ações da empresa, reduzindo o valor da Ratner's em cerca de 500 milhões de libras esterlinas. No fim, ele foi afastado da empresa. Perdeu tudo. Foi demitido do único emprego de sua vida, e sua boa reputação estava em frangalhos.

No entanto, Gerald Ratner é um homem muito inteligente, apesar de seus comentários levianos indicarem o contrário. Embora tivesse atravessado um período muito difícil, ele, com o tempo, foi capaz de refazer a riqueza que perdeu. Sua capacidade e determinação como empresário bastaram para isso, independentemente do que o destino caprichoso impôs a ele. Ele foi bastante forte, bastante inteligente e bastante capaz de ganhar muito dinheiro mais uma vez.

> **UMA IDEIA PARA VOCÊ...**
>
> "Se você acha que a educação é cara, experimente a ignorância", diz um ditado. Se você acha que a falta de educação a respeito de finanças o atrapalha, corrija a situação. Faça aulas noturnas que lhe ensinarão o básico a respeito de contabilidade e administração financeira, ou vá até a biblioteca local. Invista algum tempo em aprender mais.

9. A PRIMEIRA LIÇÃO: ANTES DE TUDO, POUPE

> Arkad falou para seus amigos a respeito da primeira lição que aprendeu sobre riqueza. "Uma parte de tudo o que você ganha deve ser guardada. No mínimo, um décimo, não importa quão pouco você ganhe. Você deve guardar o máximo que puder. Poupe, antes de tudo."

Arkad prossegue e esclarece: "Não gaste com o fabricante de roupas e de calçados mais do que você possa pagar, para que guarde um pouco e ainda o suficiente para comida, para a caridade e sacrifício para os deuses".

A ideia é simples: de cada libra esterlina que você recebe, reserve 10 pence, no mínimo. Você pega esses dez por cento e coloca num lugar seguro, longe até mesmo das exigências dos tempos de privações. Então, e só então, você paga suas contas e gasta seus ganhos nas coisas que você quer. Esse é o inverso do processo que é normalmente praticado. Ou seja, gastamos tudo que ganhamos, compramos tudo aquilo que nos agrada e, se não temos condições de comprar, simplesmente pedimos emprestado dez por cento, no mínimo. Os tempos de privações são esquecidos, e raramente sobra alguma coisa para poupar.

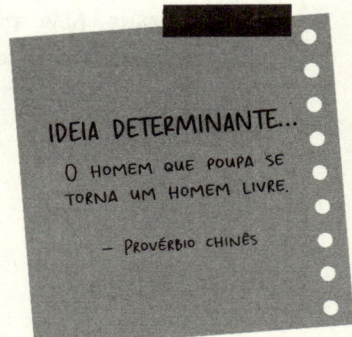

IDEIA DETERMINANTE...
O homem que poupa se torna um homem livre.
— Provérbio chinês

A ideia de poupar dez por cento é frequentemente associada com os donativos religiosos, em que as pessoas pagam o dízimo do que ganham para uma igreja ou um templo. Mas antigamente o termo "dízimo", que significa "décima parte", não tinha a conotação religiosa que tem hoje; era apenas uma contribuição voluntária para uma causa escolhida. Se essa prática proporcionava aos doadores pontos de bonificação nos portões do paraíso vai da crença de cada um; no entanto, é um método comprovado de acumulação de riqueza (quer a sua própria ou a da Igreja).

A riqueza deve ser fomentada, e isso significa que deve ser fomentada na mente e também no bolso. A ideia de poupar antes de tudo é o princípio fundamental da criação de riqueza, que foi repetida por todo guru de investimento ou especialista em dinheiro desde que foi entalhada pela primeira vez numa tábua de argila, na Babilônia.

A poupança nos ensina a autodisciplina. Ao entrar na rotina de poupar parte de sua renda, você aprende a moderar seus desejos; e isso também faz você se sentir melhor, pois, com o passar do tempo, o pouco se transforma em muito. Frequentemente, porém, somos seduzidos por aquele sapato vermelho vivo de salto alto ou pelo último e "imprescindível" terno da loja, e gastamos tudo o que ganhamos e mais um pouco.

"A riqueza, como uma árvore, cresce a partir de uma sementinha. A primeira moeda que você economiza é a semente da qual sua árvore de riqueza vai crescer. Quanto antes você plantar aquela semente, mais cedo a árvore vai crescer. E quanto mais dedicadamente você nutrir e regar aquela árvore com economias consistentes, mais cedo você poderá se deitar, feliz e tranquilo, sob a sombra dela."

> ## UMA IDEIA PARA VOCÊ...
>
> Abra uma conta especial HMRB (O Homem Mais Rico da Babilônia) e crie um débito direto da conta que recebe seu salário para a nova conta de poupança. Transfira automaticamente dez por cento do que você ganha todos os meses. Se você não ganha a mesma quantia todos os meses, deposite dez por cento manualmente. Não toque no dinheiro de sua conta HMRB sob nenhuma circunstância.

10. VÁ ATRÁS DE CONSELHOS SÁBIOS, MAS DAS PESSOAS CERTAS

"Todo tolo deve aprender", ele resmungou, "mas por que confiar no conhecimento de um oleiro a respeito de joias? Você procuraria um padeiro para se informar acerca das estrelas? Não, por minha túnica, você iria ao astrólogo, se tivesse cabeça para pensar. Suas economias se foram..."

Da mesma forma que Bansir e Kobbi procuraram conselhos de Arkad, ele, outrora, procurou conselhos de um emprestador de dinheiro rico chamado Algamish. Arkad seguiu fielmente os conselhos de seu mentor e economizou dez por cento de tudo o que ganhou. Mas, na busca de uma boa casa para guardar aquelas economias, ele confiou no conselho de alguém que não era um especialista e perdeu tudo.

Se você quiser criar riqueza, precisará ser cuidadoso em relação a quem você pede conselhos. É comum compartilharmos nossos sonhos com amigos e familiares — e acabamos arruinados. Permitimos que a opinião dos outros influencie nossas decisões com muita facilidade, e nos aconselhamos com pessoas totalmente desqualificadas. Arkad aprendeu por meio de uma experiência desagradável, confiando que um oleiro seria capaz de obter joias de boa qualidade. No entanto, o homem não sabia nada a respeito de joias e, assim, mesmo com as melhores intenções, as economias de Arkad se perderam.

Obter o conselho correto é fundamental, e vale a pena estar preparado para pagar um pouco mais pelo melhor conselho.

Lembro-me da época em que morei em Sydney e tinha escrito profissionalmente por cerca de um ano. Procurei meu contador para preparar minha declaração de imposto de renda e descobri que a estimativa do imposto devido quase me fez chorar. Decidi que deveria obter uma segunda opinião. Então, uma amiga, que também era escritora, recomendou o contador dela, que estava acostumado a trabalhar com escritores e talvez tivesse algum conselho melhor. Marquei um encontro e lhe mostrei as contas do outro contador. Ele precisou de menos de cinco segundos para identificar o erro. A atividade literária é uma das poucas profissões que permite calcular a média da renda ao longo de alguns anos, considerando as flutuações inevitáveis. O outro contador não tinha conhecimento disso ou, se tinha, não se lembrou de aplicar ao meu caso. Embora meu novo contador cobrasse um valor 25 por cento maior por seus serviços, foi capaz de reduzir de forma legítima o imposto devido em mais de 60 por cento.

A informação é inestimável, mas você não tem tempo de dominar cada habilidade e área de *expertise* de que precisa para criar riqueza. Assim, você tem de confiar em alguém. Um bom profissional economiza tempo e dinheiro para você, e também o educa ao longo do caminho.

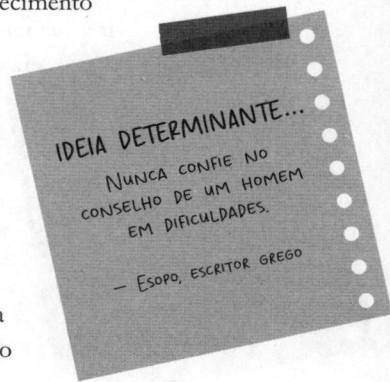

IDEIA DETERMINANTE...

NUNCA CONFIE NO CONSELHO DE UM HOMEM EM DIFICULDADES.

— ESOPO, ESCRITOR GREGO

A advertência é simples e vale a pena prestar atenção nela: "Conselho é uma coisa que se dá de graça. Mas tome cuidado e só siga aqueles que valem a pena".

> **UMA IDEIA PARA VOCÊ...**
>
> Se precisar de um conselho, pare e pense sobre quem será a melhor pessoa que poderá dá-lo. Você não deve pedir um conselho sobre relacionamentos para um amigo que se divorciou três vezes. Então, por que pedir conselhos financeiros de pessoas numa situação pior ou parecida com a sua? Se você não conhece alguém, então procure um bom profissional e pague por isso.

11. DEFINA O SEU OBJETIVO

"Por quatro anos não provei minha determinação para atingir o meu objetivo? Você chamaria de afortunado um pescador que, durante anos, estudou os hábitos dos peixes a fim de que, com a mudança do vento, soubesse onde lançar suas redes? A oportunidade é uma deusa arrogante que não perde tempo com aqueles que não estão preparados."

É fácil supor que as pessoas bem-sucedidas simplesmente tiveram sorte. No entanto, invariavelmente, atrás da fachada de "sucesso da noite para o dia", existe um compromisso inabalável e uma definição de objetivo que tornam as pessoas bem-sucedidas capazes de fazer tudo o que for necessário para alcançarem sua prosperidade financeira.

Quando se trata de compromisso inabalável, George Sampson é um nome que pode não vir à sua mente de imediato. No momento da redação deste livro, ele era um dançarino de rua de quatorze anos, da cidade de Manchester, que participava como competidor do programa de tevê *Britain's Got Talent*. O que o torna tão especial é o fato de que George ingressou na competição em 2007 e foi eliminado antes das semifinais. No entanto, ele nunca desistiu. Avaliou as críticas que recebeu dos jurados e se inscreveu novamente em 2008, ocasião em que estava doze centímetros mais alto e mais determinado do que nunca para realizar seu sonho. Ele dança nas ruas para arranjar dinheiro para aulas e ensaia quatro horas, no

> **IDEIA DETERMINANTE...**
>
> Os vencedores são as pessoas com um objetivo claro na vida.
>
> — Denis Waitley, palestrante e escritor norte-americano

mínimo, todos os dias. Seu desempenho na final foi fenomenal, e ele ganhou a competição contra concorrentes de peso. A oportunidade pode ser uma deusa orgulhosa, mas ela brilhou sobre George Sampson porque ele estava muito preparado. Ele realizou a melhor performance de sua juventude até aqui, e merece todo sucesso possível.

Quer seu sonho seja se tornar um dançarino famoso ou se livrar de preocupações financeiras, você deve definir esse objetivo como seu propósito principal, não permitindo que nada o afaste da rota.

Para reforçar a ideia, considere isso: em seu livro *As a Man Thinketh (O homem é aquilo que ele pensa),* James Allen afirma: "Eles, que não tem um propósito básico na vida, são presa fácil de preocupações, medos, problemas e frustrações insignificantes, que levam, da mesma forma que pecados deliberadamente planejados, ao fracasso, à infelicidade e à perda. Um homem deve conceber um propósito legítimo em seu coração, e começar a realizá-lo. Ele deve converter esse propósito em seu dever supremo, e deve se dedicar à sua realização, não permitindo que seus pensamentos vagueiem em fantasias, desejos e imaginações efêmeras".

A ação errática rumo ao seu objetivo produzirá um resultado errático. Arkad nos lembra disso: "A força de vontade é o propósito inflexível de realizar uma tarefa que você se impôs. Se eu me impuser uma tarefa, mesmo que seja insignificante, deverei me preocupar com ela até o fim. Caso contrário, como terei confiança em mim mesmo para fazer coisas importantes?".

> **UMA IDEIA PARA VOCÊ...**
>
> QUAL É A COISA MAIS IMPORTANTE QUE VOCÊ QUER ALCANÇAR? SE VOCÊ ESTÁ LENDO ESTE LIVRO, ENTÃO SUPONHO QUE VOCÊ QUER GANHAR MAIS DINHEIRO OU QUER ESCAPAR DAS DÍVIDAS. O QUE QUER QUE SEJA, DECIDA SEU OBJETIVO E SE LEMBRE DELE TODOS OS DIAS, DESDE O MOMENTO EM QUE VOCÊ ACORDA. TUDO O QUE VOCÊ FAZ DEVE LEVAR A ESSE RESULTADO.

12. DISCIPLINA E CONSISTÊNCIA SÃO FUNDAMENTAIS

> *"Durante cem dias, apanho uma pedra e a jogo no rio. Se, no sétimo dia, eu passasse por ali sem me lembrar, não diria: 'Amanhã, vou jogar duas'. Em vez disso, voltaria até lá e jogaria a pedra no rio."*

Nesse caso, Arkad está destacando a importância da ação disciplinada e consistente para alcançarmos os objetivos que estabelecemos na vida, sobretudo a construção da riqueza. Se você

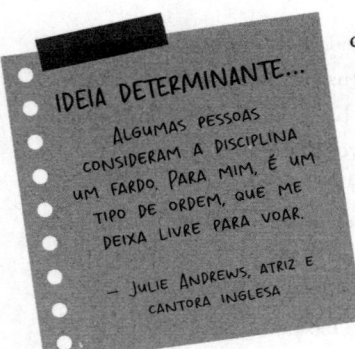

IDEIA DETERMINANTE...

Algumas pessoas consideram a disciplina um fardo. Para mim, é um tipo de ordem, que me deixa livre para voar.

— Julie Andrews, atriz e cantora inglesa

decidir melhorar sua situação financeira e adotar o hábito de economizar um décimo de seus ganhos, todo o seu bom trabalho será arruinado assim que você investir de forma insensata ou simplesmente escolher violar as regras.

Arkad prossegue: "Tampouco no vigésimo dia eu diria para mim mesmo: 'Arkad, isso é inútil. De que vale você lançar uma pedra todos os dias? Jogue um punhado e acabe com isso'. Não, não diria isso, nem faria isso. Quando me imponho uma tarefa, vou até o fim".

A disciplina de fazer de maneira consistente aquilo que você define em sua mente é o que separa o sucesso do fracasso. Curiosamente, poucas pessoas reconhecem a ligação inextricável que existe entre falta de disciplina e fracasso. A maioria das pessoas enxerga o fracasso como sendo um evento inesperado, como uma empresa que pede falência ou uma casa que é retomada pelo credor. No entanto, como Jim Rohn aponta em seu livro *Seven Strategies for Wealth and Happiness*, o fracasso não ocorre dessa maneira: "Raramente o fracasso é fruto de algum evento isolado. Na realidade, é consequência de uma longa lista de pequenos fracassos acumulados, que acontecem como resultado de pouquíssima disciplina".

O poder da ação consistente e do esforço disciplinado pode ser percebido com clareza em outra área de vital importância: a saúde. Em todo o mundo, os bancos de dados das academias estão repletos de detalhes de frequentadores com boas intenções, mas nada muito além disso. Depois da festança do Natal, nossas aspirações de cinco sessões por semana declinam para uma por semana (com sorte), durante a qual "botamos para quebrar", quase nos matando sobre a esteira. No entanto, todos os melhores conselhos afirmam que exercícios curtos, frequentes e consistentes são muito mais saudáveis que surtos esporádicos. Assim, trinta minutos, numa base regular, são infinitamente mais benéficos que uma hora e meia de malhação infernal...

Se você já conseguiu alcançar os píncaros vertiginosos do "corpo perfeito", também sabe o quão rápido essa condição física é perdida quando você decide se esbaldar durante algumas noites. Saúde, tal como riqueza, é algo que se constrói ao longo do tempo. Não acontece da noite para o dia, e exige esforço consistente. Clason nos recorda, por meio da história de Arkad, que "A riqueza cresce sempre que os homens se empenham".

UMA IDEIA PARA VOCÊ...

Consulte os extratos de seu cartão de crédito dos últimos seis meses. Eles são uma "longa lista de pequenos fracassos acumulados, que acontecem como resultado de pouquíssima disciplina". A engenhoca eletrônica que você "tinha" de ter e nunca usou ou os sapatos que você nunca calçou? Sua vida se enriqueceu por causa da compra? Não. Então, você talvez precise se refamiliarizar com a disciplina.

13. SE ALGO É BOM DEMAIS PARA SER VERDADE

Logo depois que as economias se acumularam, você deve "aprender a fazer com que seu tesouro trabalhe para você. Faça os resultados e os resultados dos resultados trabalharem para você". No entanto, acautele-se: "Taxas usurárias de retorno são sereias enganosas, que cantam apenas para atrair o incauto na direção das rochas da perda e do remorso".

Falando de "rochas de perda e remorso", para a maioria dos britânicos, a notícia de que o Northern Rock (Rocha do Norte), o quinto maior banco hipotecário do Reino Unido, estava em dificuldades, em setembro de 2007, trouxe à tona, pela primeira vez, o termo "subprime".

O Northern Rock buscou um empréstimo de emergência junto ao Banco da Inglaterra (Banco Central do Reino Unido), pois os empréstimos interbancários haviam secado em consequência dos problemas do mercado de subprime norte-americano (um mercado em que o Northern Rock estava profundamente envolvido). Tradicionalmente, as hipotecas eram financiadas pelos depósitos dos clientes. Naturalmente, isso limitava a quantidade de pessoas para quem os bancos podiam emprestar. Mas, nos Estados Unidos, uma pessoa esperta veio com a ideia de "embrulhar" as dívidas em complexos derivativos financeiros, vendendo-as a outras instituições financeiras por uma taxa de juros reduzida. Um banco podia cobrar 6,5 por cento de juros anuais do devedor e, em seguida, vender a dívida com 5,5 por cento de juros anuais, lucrando 1 por cento. Isso lhe permitia obter lucro, vender hipotecas ilimitadas e neutralizar o risco!

Não demorou muito tempo para que as avaliações e os critérios relativos à concessão de empréstimos praticamente desaparecessem. Assim, bastava o tomador de empréstimo estar respirando para obter um financiamento para a compra de um imóvel. Isso era conhecido como o mercado de subprime, e, de fato, era muito lucrativo. Os corretores não se importavam se o clientes podiam pagar, pois recebiam suas comissões de qualquer maneira; os bancos também não se importavam, pois obtinham lucros "usurários" e ignoravam as rochas inevitáveis no horizonte. Ademais, o mercado imobiliário apresentava uma enorme valorização, de modo que os ativos valiam mais que as dívidas.

Dias felizes!

Então, repentinamente, a bolha do mercado imobiliário estourou e a taxa padrão para empréstimos subiu rapidamente. Se você pensar a respeito dos créditos do subprime como sendo maçãs podres, então em vez de jogar fora as maçãs podres — recusando a concessão dos empréstimos — os bancos as cortavam em pequena fatias e as embalavam com as maçãs boas. Com o tempo, porém, existiam tantas maçãs podres no sistema que nada

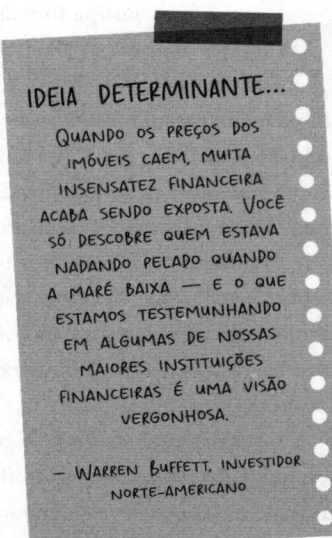

IDEIA DETERMINANTE...

QUANDO OS PREÇOS DOS IMÓVEIS CAEM, MUITA INSENSATEZ FINANCEIRA ACABA SENDO EXPOSTA. Você SÓ DESCOBRE QUEM ESTAVA NADANDO PELADO QUANDO A MARÉ BAIXA — E O QUE ESTAMOS TESTEMUNHANDO EM ALGUMAS DE NOSSAS MAIORES INSTITUIÇÕES FINANCEIRAS É UMA VISÃO VERGONHOSA.

— WARREN BUFFETT, INVESTIDOR NORTE-AMERICANO

conseguiu escondê-las. Os bancos de todo o mundo se prepararam para uma crise e pararam de emprestar dinheiro uns aos outros — que foi o que causou os problemas do Northern Rock — e se aprontaram para uma punição. Em abril de 2008, o Fundo Monetário Internacional (FMI) calculou o custo daquelas maçãs podres em 565 bilhões de dólares, com possíveis perdas agregadas de cerca de 945 bilhões de dólares. Era um monte de maçãs podres...

Assim, talvez seja o momento de todos nós prestarmos atenção no conselho da antiga Babilônia e entendermos que "um retorno pequeno e seguro é muito mais desejável que o risco".

> **UMA IDEIA PARA VOCÊ...**
>
> SE VOCÊ NÃO CONSEGUIR O DINHEIRO DO SINAL PARA COMPRAR A CASA QUE QUER, ALUGUE. ECONOMIZE A DIFERENÇA ENTRE O QUE TERIAM SIDO OS PAGAMENTOS DAS PARCELAS DE SEU EMPRÉSTIMO E O ALUGUEL QUE VOCÊ PAGA. DESSA MANEIRA, VOCÊ TEM A SENSAÇÃO DE QUE É COMO PAGAR UMA HIPOTECA — E, AO MESMO TEMPO, POUPA O DINHEIRO DO SINAL.

14. PAGUE IMPOSTOS JUSTOS

> *"Por que tão poucos homens são capazes de adquirir todo o ouro?" "Porque eles sabem como fazer isso", respondeu o chanceler. "Não podemos condenar um homem por ter sucesso devido ao seu conhecimento. Tampouco podemos, com justiça, tirar de um homem que ganhou de modo correto para darmos a homens com menos capacidade."*

No terceiro capítulo de *O homem mais rico da Babilônia*, Clason discute as "Sete soluções contra o bolso vazio". O rei está preocupado acerca da distribuição desigual de riqueza na Babilônia. Em 8 mil anos, essa preocupação não mudou, pois os analistas continuam a indicar que "os ricos ficam mais ricos e os pobres ficam mais pobres".

O desafio enfrentado por todos os governos é como distribuir a riqueza. Por um lado, temos pessoas que são ricas, capazes de bancar os melhores contadores e advogados que o dinheiro pode comprar. Eles contratam pessoas que têm conhecimento do sistema (e de suas brechas) e, portanto, administram o imposto de renda devido de maneira inventiva, embora de modo legal.

Consideremos sir Philip Green, importante empresário britânico do ramo do varejo, por exemplo. Relata-se que sua família é dona de um patrimônio de 4,9 bilhões de libras esterlinas. Em 2005, seus negócios geraram dividendos de 1,2 bilhão de libras esterlinas e, no entanto, ele não pagou nada de imposto de renda. Sua mulher é dona da maior parte dos negócios; ela vive em Mônaco, e — pasmem! — Mônaco não tributa dividendos. Pessoas como sir Philip provavelmente se sentem justificadas em proteger suas riquezas pelos motivos que o chanceler explicou ao rei da Babilônia. Alguns desses super-ricos provavelmente trabalham muito duro, e dão empregos para milhares de outras pessoas.

Mas isso é justo? Por outro lado, é justo que pessoas decentes e trabalhadoras sejam tributadas de maneira tão pesada? Elas são tributadas antes mesmo de receber sua renda, com poucas possibilidades de contabilidade criativa. Os ricos não subsidiam os pobres; o que ocorre é o inverso.

Talvez não devesse ser mais uma questão de "pessoas que têm e pessoas que não têm", mas, sim, uma questão de "pessoas que tentam e pessoas que não tentam". Por que os ricos ou as famílias trabalhadoras e batalhadoras devem subsidiar aqueles indivíduos que não têm a intenção de conseguir um trabalho (afinal, os benefícios que recebem superam muito qualquer remuneração que podem conseguir)? Que tipo de disparate penaliza aqueles que querem trabalhar de verdade, mas não podem, porque não têm condições de arcar com as despesas? Mesmo o trabalho de algumas poucas horas por semana cortaria seus benefícios, dificultando a sobrevivência. É correto que um ou outro grupo sustente pessoas que não fazem nenhum esforço para melhorar sua posição?

Todos nós temos de pagar impostos, mas os sistemas tributários de diversos países precisam de uma revisão geral para estimular os que "ganharam corretamente" seu dinheiro através de trabalho duro e se comprometeram a cuidar de suas famílias e de apoiar aqueles que são incapazes de fazer isso de verdade. O restante das pessoas deveria se mexer e fazer algo útil.

> **IDEIA DETERMINANTE...**
> Nada é mais certo neste mundo do que a morte e os impostos.
> — Benjamin Franklin, escritor norte-americano

> **UMA IDEIA PARA VOCÊ...**
> Segundo as estimativas, 5,7 milhões de contribuintes do Reino Unido talvez não estejam pagando os impostos corretos. Se você for um empregado e paga imposto retido na fonte, verifique seu código (cerca de 500 milhões de libras esterlinas foram pagas a mais por causa de erros de código). Está em seu contracheque — verifique on-line se reflete sua atual situação. Caso contrário, entre em contato com o órgão responsável pelo recolhimento de impostos.

15. COMECE A FAZER SEU DINHEIRO CRESCER

"Arkad", prosseguiu o rei, "nossa cidade está muito descontente, pois poucos homens sabem como ganhar dinheiro e, então, monopolizá-lo, enquanto a massa de nossos cidadãos sequer sabe como manter a parte do que recebem".

Todas as noites, durante sete noites, Arkad deu aulas para uma turma de 100 homens ensinando as soluções contra a falta de dinheiro. A primeira solução? "Para cada dez moedas que você guardou na bolsa, tire para uso somente nove. Sua bolsa começará a engordar e será prazeroso sentir o peso cada vez maior em sua mão, e isso trará satisfação para a sua alma."

A relevância desse conselho é ainda mais importante hoje em dia, quando consideramos esses números do Reino Unido como exemplo:

Dívida pessoal total, no final de dezembro de 2007: 1 trilhão e 409 bilhões de libras esterlinas.

Crédito ao consumidor total, em dezembro de 2007: 224 bilhões de libras esterlinas.

Dívida média das famílias: 8.985 libras esterlinas (excluindo hipotecas). Esse número subirá para 20.895 libras esterlinas se a média se basear no número de famílias que possuem alguma forma de crédito sem garantia.

A dívida pessoal cresce em 1 milhão de libras esterlinas a cada cinco minutos.

Num dia comum, 24,5 milhões de transações, no valor de 1,4 bilhão de libras esterlinas, são realizadas com cartões de plástico. Os consumidores tomarão emprestado um adicional de 327 milhões de libras esterlinas e pagarão 259 milhões de libras esterlinas de juros pelo privilégio.

De acordo com o uSwitch (site de comparação de preços do Reino Unido), a Grã-Bretanha está sofrendo de um mau caso de afluência: "Fomos pegos pelas garras de uma espiral de consumo excessivo, em que não é mais suficiente tentar manter o mesmo padrão dos vizinhos, mas, em vez disso, queremos viver como nossas celebridades favoritas: 4,8 milhões de adultos gastam mais do que ganham e 9 milhões de adultos simplesmente igualam despesas e receitas no fim de cada mês".

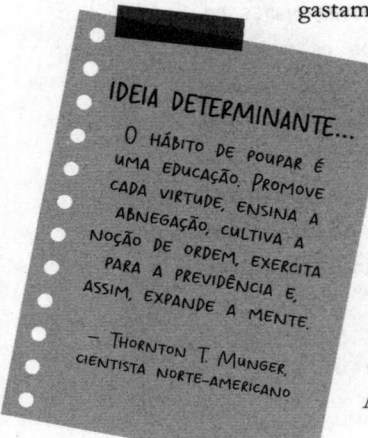

IDEIA DETERMINANTE...
O HÁBITO DE POUPAR É UMA EDUCAÇÃO. PROMOVE CADA VIRTUDE, ENSINA A ABNEGAÇÃO, CULTIVA A NOÇÃO DE ORDEM, EXERCITA PARA A PREVIDÊNCIA E, ASSIM, EXPANDE A MENTE.

— THORNTON T. MUNGER, CIENTISTA NORTE-AMERICANO

Parece que, para cada dez moedas que colocamos na bolsa, tiramos dez ou até mesmo onze. Assim, nossa bolsa não engorda, gerando preocupações e noites insones. Vale a pena? "O que você deseja mais? A satisfação dos desejos de cada dia, uma joia, um ornamento, roupas melhores, mais comida; coisas que vão embora rapidamente e são esquecidas? Ou propriedades substanciais, ouro, terras, rebanhos, mercadorias, investimentos rentáveis? As moedas que você tirou da bolsa provocam a primeira situação. As moedas que você deixou na bolsa, provocam a segunda."

Se quisermos sentir a liberdade financeira, devemos nos livrar das dívidas ruins (dívidas que não estão relacionadas a bens) e separar religiosamente dez por cento, no mínimo, do que ganhamos. Arkad nos adverte: "Não zombe do que digo por causa de sua simplicidade. A verdade é sempre simples".

> **UMA IDEIA PARA VOCÊ...**
>
> A única maneira de utilizar cartões de crédito com sucesso é pagar a dívida integralmente todos os meses. No entanto, somente 58 por cento dos portadores de cartão de crédito fazem isso. Se você não faz isso, pegue sua carteira agora mesmo e corte em pedaços ao menos um dos seus cartões. No Reino Unido, há mais cartões de crédito do que habitantes. Assim, todos nós podemos promover um *DOWNSIZING*.

16. CONTROLE SEUS GASTOS

> *A segunda solução contra o bolso vazio é: "Faça um orçamento para as despesas referentes ao pagamento das suas necessidades, dos seus divertimentos e da satisfação de seus desejos que realmente importam, sem gastar mais do que nove décimos de seus ganhos". Quase sempre o orçamento é considerado um instrumento limitante, mas pode ser libertador.*

Arkad disse aos seus alunos: "Agora revelarei uma verdade extraordinária acerca dos homens e de seus filhos. É esta: aquilo que chamamos de 'despesas necessárias' sempre crescerá e se igualará às nossas rendas, a não ser que nos insurjamos. Não confunda despesas necessárias com desejos".

Brendan Nichols é um palestrante internacional e escritor de livros a respeito de como gerar mais dinheiro nas empresas. Ele se refere a esse fenômeno como "síndrome de parecer bem e não chegar a lugar algum". Você pode vislumbrar essa síndrome nos escritórios corporativos de todos os países, manifestando-se frequentemente naquilo que se conhece como "algemas de ouro". Tradicionalmente, trata-se de um sistema de incentivos financeiros idealizado para impedir um funcionário de deixar a empresa. Pode assumir a forma de opção de compra de ações, que não vencerá por muitos anos, ou talvez seja uma obrigação contratual de reembolsar bonificações se o beneficiário se afastar da empresa. No entanto, também há uma força muito mais traiçoeira em ação. Ao escalar posições dentro da empresa, frequentemente o salário do funcio-

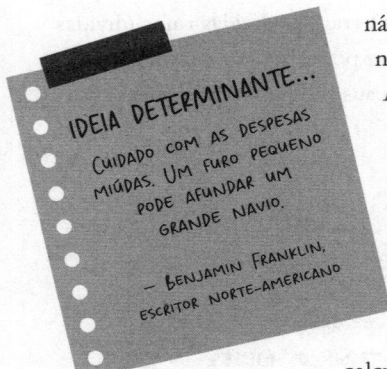

IDEIA DETERMINANTE...
Cuidado com as despesas miúdas. Um furo pequeno pode afundar um grande navio.
— Benjamin Franklin, escritor norte-americano

nário cresce. Em pouco tempo, como Arkad adverte, as despesas necessárias crescem proporcionalmente com a renda (se não mais). A pessoa se muda para uma casa muito espaçosa com um grande jardim, adquire utilidades domésticas e acessórios de grife, e troca o automóvel simples da família por uma BMW. Como resultado, muitas pessoas se amarram aos empregos que odeiam, porque precisam de salários inflados para atender despesas infladas. Os "ornamentos" da riqueza são bem nomeados.

Você precisa fazer a distinção entre suas necessidade e suas vontades. Em primeiro lugar, você tem de calcular qual é seu "dinheiro necessário"; isto é, o mínimo absoluto que você precisa para satisfazer seus compromissos e sobreviver. Depois disso, você precisa priorizar seus desejos e "orçar suas despesas necessárias".

Muitas pessoas evitam orçamentos porque implicam em restrições, mas, na realidade, proporcionam exatamente o oposto: liberdade. "O objetivo de um orçamento é ajudá-lo a juntar dinheiro. É para ajudá-lo a atender suas necessidades e, na medida do possível, seus outros desejos. É para permitir que você realize seus desejos mais estimados, defendendo-o de suas vontades casuais. Como uma luz brilhando numa caverna escura, o orçamento revela os furos de sua bolsa, e permite que você os vede e controle seus gastos para propósitos definidos e gratificantes."

UMA IDEIA PARA VOCÊ...

Mantenha um diário contábil por sete dias. Registre seus gastos, mas sem trapacear. Calcule o total e procure os "furos de sua bolsa". Você talvez se surpreenda ao descobrir que "certas despesas aceitas podem ser reduzidas ou eliminadas de forma sensata". Por exemplo: aparentemente um terço de todos os gêneros alimentícios acabam na lata de lixo.

17. NINGUÉM CONSEGUE TER TUDO O QUE QUER

Arkad diz aos seus alunos: "Todos os homens são oprimidos por possuírem mais desejos do que são capazes de satisfazer. Por causa de minha riqueza, posso satisfazer cada desejo? Isso é uma falsa ideia. Há limites em relação ao meu tempo... à minha força... à distância que posso viajar... E ao prazer que posso desfrutar".

Esse é um ponto importante, mas que se perde facilmente quando estamos procurando uma melhor posição financeira. Sonhamos com a riqueza e todas as coisas maravilhosas que faremos, compraremos e teremos quando conseguirmos finalmente dar uma reviravolta em nossa sorte financeira. No entanto, até os muito ricos têm restrições em relação ao que são capazes de fazer.

Honestamente, você acha que Bill Gates é capaz de gastar o tempo e o dinheiro dele exatamente do jeito que ele quer? Não é mais provável que ele tenha uma equipe de pessoas que lhe peça para prestar conta de tudo, incluindo seu tempo e dinheiro? Duvido muito que Bill Gates possa simular uma doença e sair para pescar, por exemplo, se ele sentir a necessidade de um "dia de saúde mental". Ou o que dizer a respeito de Warren Buffett, o "Oráculo de Omaha", que, em 2008, desbancou Bill Gates do topo da lista dos mais ricos da revista *Forbes*, tornando-se o homem mais rico do mundo? Você acha que ele tem a liberdade de fazer o que ele quer? Será que a ação da Berkshire Hathaway não cairia se ele fingisse uma doença e saísse para pescar? Considere isso: em geral, a riqueza extrema traz consigo a responsabilidade extrema. E embora possam não existir limites a respeito do que os super-ricos podem comprar, todos nós temos somente 24 horas num dia.

Considerando que 70 por cento dos adultos britânicos jogam regularmente na loteria, e que as vendas semanais dos produtos relacionados à loteria giram em torno de 100 milhões de libras esterlinas, é seguro supor que a maioria das pessoas quer "mais dinheiro". A boa notícia é que você, na realidade, não precisa ser rico em termos financeiros para ter uma boa vida. De fato, ser "rico" pode ser um pesadelo; simplesmente pergunte a alguns dos ganhadores dos prêmios da loteria. Se você quiser dar uma reviravolta em sua situação financeira, então terá de começar a economizar, quitar suas dívidas e aprender para onde seu dinheiro vai, de modo que você possa estancar o fluxo do dinheiro desperdiçado.

Nesse momento, escreva todas as coisas que você deseja comprar; mesmo as coisas bobas. Então, "selecione aquelas que são necessárias e as outras que são possíveis por meio do gasto de nove décimos de sua renda. Risque as restantes e as considere como parte da grande quantidade de desejos que devem continuar insatisfeitos, e não se lamente por isso".

Assim, esqueça-se de jatinhos e diamantes. Esqueça-se de ser dono de um time de futebol (isso foi o que afundou John McGuinness, na ideia 7). Esqueça-se de cavalos de corrida e Maseratis... Ao menos por enquanto.

> **IDEIA DETERMINANTE...**
> Se você conseguir tudo o que quer, logo não vai querer nada do que conseguir.
> — Vernon Luchies, reverendo norte-americano

> **UMA IDEIA PARA VOCÊ...**
> O quanto seria "suficiente"? Faça uma lista de todas as coisas que você gostaria de ter, se tivesse dinheiro. Descarte as ridículas e atribua um número a aquelas que realmente importam, como liquidar suas dívidas e sua hipoteca. Totalize sua vida de sonhos: você talvez se surpreenda ao descobrir que não precisa de milhões.

18. MULTIPLIQUE SEU DINHEIRO

> *A terceira solução contra o bolso vazio é: "Coloque cada moeda para trabalhar, de modo que cada uma delas possa se reproduzir como os rebanhos nos campos e ajude a trazer uma quantidade de riqueza capaz de fluir constantemente para a sua bolsa".*

De todas as sabedorias de Arkad, esse talvez seja o *insight* que esconde a maior complexidade. Arkad aprendeu sua lição porque confiou as economias de sua vida a um oleiro, que foi enganado com "pedaços de vidro sem valor", pois não sabia nada sobre joias. Hoje em dia, realizar investimentos inteligentes é mais complicado, pois os oleiros fingem ser joalheiros com muito mais competência...

Então, como você encontra investimentos bons e decentes, que cuidam de seu dinheiro e fazem crescer a sua riqueza?

Se você já é um milionário, então, sem dúvida, é muito mais fácil. Por exemplo, você pode integrar o corpo de jurados do *Dragons' Den*, programa de tevê em que centenas de inventores e empreendedores novatos apresentam suas ideias. Na realidade, inúmeras ideias entusiasmadas, mas fantasiosas, são expostas, por exemplo, um parque temático submerso, porém, de vez em quando, você se depara com uma boa ideia; tão boa que você não precisa ser um homem de negócios profissional para reconhecer sua genialidade. Considere, por exemplo, o *Reverse Osmosis Sanitation System* (ROSS — Sistema de Saneamento por Osmose Reversa), desenvolvido por James Brown e Amanda Jones. Esse dispositivo inovador de transporte, saneamento e armazenamento de água foi projetado para trazer alívio a milhões de pessoas de todo o mundo sem acesso à água potável. O incomum a respeito desse investimento específico foi que todos os *Dragons* investiram e não exigiram mais do que dez por cento do controle acionário oferecido. Geralmente, investidores como os *Dragons* exigem um controle acionário maior num negócio, em virtude da experiência, da rede de contatos e do dinheiro que eles trazem.

Onde você investe seu dinheiro depende de: (a) quanto você dispõe e (b) da sua atitude em relação ao risco. Arkad adverte a respeito da busca de retornos ambiciosos, pois, invariavelmente, levam a perdas; no entanto, há diversas opções disponíveis. As redes de investidores-anjos e as empresas de private equity oferecem uma maneira de investir em oportunidades como a apresentada no *Dragons' Den*.

A necessidade de um bom conselho profissional se aplica mais fortemente ainda se você está tentado a investir em algo ligado à sua família ou aos seus amigos. Lembre-se de que, nesse tipo de situação, há muito mais em jogo do que apenas seu dinheiro. As expectativas não satisfeitas ou as mudanças de situação podem prejudicar muito um relacionamento, e, possivelmente, até mesmo acabar com ele.

> **IDEIA DETERMINANTE...**
> Não é o mercado em alta nem o mercado em baixa que você deve evitar, mas, sim, as informações incorretas.
> — Chuck Hillis, empresário norte-americano

O primeiro investimento lucrativo de Arkad foi um empréstimo para um homem chamado Aggar, fabricante de escudos. "Ao ganhar mais sabedoria, concedi empréstimos e fiz investimentos com o aumento de meu capital. Dessa forma, fluiu para a minha bolsa — no início, de poucas fontes, e, com o tempo, de diversas fontes — uma torrente dourada de riqueza." Você deve fazer o mesmo.

> **UMA IDEIA PARA VOCÊ...**
>
> Depois de ter acumulado economias, você precisa achar um lar para que esse dinheiro possa crescer exponencialmente. Procure um conhecido que possua bons investimentos e peça conselhos, ou busque recomendações de um consultor profissional. Peça referências e as verifique com atenção. Esteja preparado para pagar; conselhos "gratuitos" podem custar muito caro.

19. NOVAS MANEIRAS DE MULTIPLICAR SEU DINHEIRO

> "Digo a vocês, meus alunos, a riqueza de um homem não são as moedas que ele carrega na bolsa, mas, sim, a renda que ele construiu, a torrente de ouro que flui continuamente para a sua bolsa e a mantém sempre cheia. Isso é o que todo homem deseja." Ter dinheiro para multiplicar é o objetivo.

Na Babilônia, as opções de investimentos provavelmente eram limitadas a fabricantes de escudos, fabricantes de carruagens e pedreiros disfarçados de joalheiros. Atualmente, as opções são ilimitadas, e isso nem sempre é uma coisa boa.

Assim, se você não tem dezenas de milhares de libras poupadas, como você "constrói sua renda"? De acordo com Martin Lewis, guru financeiro famoso na internet, qualquer pessoa que, atualmente, seja pagadora de impostos no Reino Unido deve ter uma caderneta de poupança. Uma caderneta de poupança permite que você mantenha os juros acumulados de suas economias, em vez de ter de pagar impostos sobre os mesmos. Lembre-se: nem sempre é uma questão de quanto você ganha, mas, sim, de quanto você mantém!

Há também diversos fundos de administração e sociedades de investimento que oferecem menos pontos de acesso e permitem que você invista em diversos tipos de investimentos, como imóveis, ações, títulos e câmbio. Seu dinheiro é reunido com o de outros investidores, e

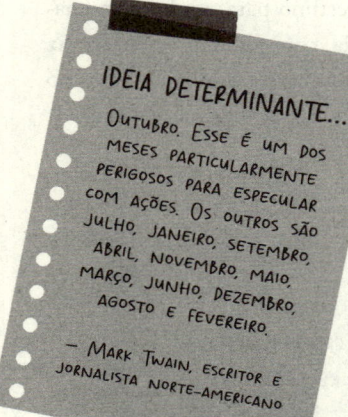

> **IDEIA DETERMINANTE...**
> Outubro. Esse é um dos meses particularmente perigosos para especular com ações. Os outros são julho, janeiro, setembro, abril, novembro, maio, março, junho, dezembro, agosto e fevereiro.
>
> — Mark Twain, escritor e jornalista norte-americano

você pode escolher em quais fundos investir, dependendo de sua tolerância ao risco. Para investimentos mais seguros no mercado acionário, há fundos que investem somente em *blue chips* (ações de grande liquidez, em geral de empresas tradicionais e de grande porte).

No entanto, acautele-se: os investimentos ligados ao mercado acionário, mesmo envolvendo ações *blue chips*, podem tanto afundar como levantar voo. O lucro projetado não é garantia, como muitos detentores de *endowment policies* (contratos de seguros de vida planejados para pagar uma soma total após um prazo especificado) estão descobrindo... Nas décadas de 1980 e 1990, os *endowment mortgages* (fundos de investimento para hipotecas) eram muito populares no Reino Unido. Pareciam plausíveis. O devedor pagava ao credor somente os juros sobre o empréstimo e investia um pagamento adicional numa apólice (*endowment policy*), que também proporcionava a ele — o comprador do imóvel — um seguro de vida. A apólice era vinculada ao mercado acionário, e a ideia era que, no vencimento do prazo do empréstimo, em geral de 20 a 25 anos, a apólice valeria o suficiente para liquidar a hipoteca e, além disso, talvez rendesse o bastante para formar um pequeno e belo pé-de-meia. Mas o mercado acionário é bastante volátil e, em 2003, o governo avaliou que oito entre dez apólices ativas não só não liquidariam as hipotecas concernentes, como também não proporcionariam nenhum bônus adicional. Desde então, quase 70 por cento daqueles que encaram o déficit hipotecaram novamente seus imóveis, procuraram aconselhamento financeiro ou solicitaram indenização. No entanto, de acordo com a Financial Services Authority (FSA, órgão que regulava o setor de serviços financeiros do Reino Unido até abril de 2013), cerca de 700 mil pessoas estão sob a ameaça de uma surpresa desagradável.

É importante que você perceba que muitos dos "consultores" não passam de cumpridores de ordens. O entendimento e o conhecimento deles pode ser bastante limitado. Obtenha bons conselhos para assegurar que "a corrente dourada flua continuamente".

> **Uma ideia para você...**
> Ao procurar conselhos financeiros, pergunte aos corretores quais são as políticas deles. Pergunte: "Você recomendaria que sua mãe investisse nesse fundo?". Desde que ele goste da mãe, a hesitação natural que ele talvez demonstre será o suficiente para fazer você investigar mais detalhadamente. Faça seu dever de casa com base nas suas experiências anteriores, para não cometer os mesmos erros.

20. O MILAGRE DOS JUROS COMPOSTOS

Quando se trata de multiplicar o dinheiro, Arkad nos lembra de outra maneira poderosa de fazer a riqueza crescer: "O emprestador de dinheiro explicou que, como a soma tinha crescido por meio dos juros compostos, as dez moedas de prata originais tinham se convertido em trinta e meia".

Arkad relata a história de um fazendeiro que entregou dez moedas de prata a um emprestador de dinheiro quando seu primeiro filho nasceu, e pediu-lhe para mantê-las em arrendamento até seu filho alcançar a idade de vinte anos.

O fazendeiro sabia que aquele período de tempo realizaria sua magia em relação ao investimento inicial através dos juros compostos. Juros compostos é o conceito de adicionar juros acumulados ao investimento principal, de modo que os juros futuros sejam auferidos sobre quantias sempre maiores. O tempo é aquilo que faz os juros compostos funcionarem.

A regra do 72 é uma maneira muito simples de calcular quanto tempo levará para um investimento dobrar de valor. Por exemplo, você investiu 10 mil reais num fundo que paga juros de 12 por cento ao ano. De acordo com a regra do 72, serão necessários 6 anos para que os 10 mil reais virem 20 mil reais (72 dividido por 12 é igual a 6). E continuará a dobrar a cada seis anos, significando que seu investimento inicial valerá 1 milhão e 280 mil reais, em 24 anos. A regra do 72 não leva em consideração impostos, comissões ou outros custos, mas oferece uma aproximação do tempo necessário para um investimento dobrar de valor, sem nenhum investimento adicional em favor.

Não há melhor momento para começar a construir a riqueza do que agora. Ninguém planeja ser pobre, mas, mesmo assim, sem um planejamento para o futuro, muitas pessoas acabam sendo. Em 2008, no Reino Unido, mais de 2,5 milhões de idosos permaneciam em apenas um aposento aquecido da casa para economizar os custos do aquecimento. Mais de um milhão de idosos reduziram o consumo de alimentos a fim de pagar aqueles custos. De acordo com os números fornecidos pela Alliance Trust, a perda do poder aquisitivo das aposentadorias continua a aumentar, com mais de um quarto (26 por cento) dos adultos britânicos não conseguindo fazer qualquer reserva para a aposentadoria. Segundo um estudo da Scottish Widows, mais de 1,5 milhão de pessoas com 55 anos ou mais (34 por cento desse grupo) alegaram que não podem se dar ao luxo se aposentar com a idade de aposentadoria do estado devido à falta de economias para a aposentadoria. Não se deixe fazer parte dessa estatística.

Quanto ao filho do fazendeiro, ele não precisou do dinheiro quando fez vinte anos; assim, ele o deixou acumular. "Quando o filho completou cinquenta anos, tendo o pai a essa altura passado para o outro mundo, o emprestador de dinheiro pagou ao filho, no ajuste de contas, 167 moedas de prata. Portanto, em cinquenta anos, no arrendamento, o investimento tinha se multiplicado quase dezessete vezes". Essa é a magia dos juros compostos.

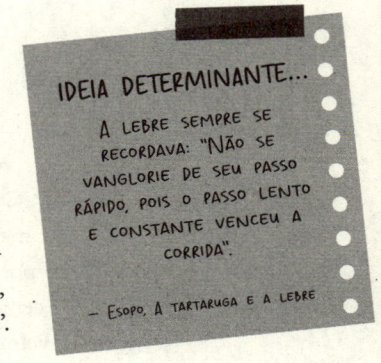

> **IDEIA DETERMINANTE...**
>
> A lebre sempre se recordava: "Não se vanglorie de seu passo rápido, pois o passo lento e constante venceu a corrida".
>
> — Esopo, A tartaruga e a lebre

> **UMA IDEIA PARA VOCÊ...**
>
> Se você não tem montanhas de dinheiro, deixe os juros compostos ajudá-lo. Se você tem filhos, abra uma conta bancária que paga juros altos em nome deles e deposite uma importância. Se seus filhos recebem dinheiro nos aniversários, deposite-os na conta. Encontre uma conta que acumula os juros mais de uma vez por ano e observe-a crescer. Não gaste o dinheiro.

21. PROTEÇÃO CONTRA PERDAS

> Arkad adverte: "A falta de sorte adora um sinal brilhante", e sugere, portanto, que a quarta solução contra o bolso vazio é: "Proteja o tesouro contra as perdas, investindo onde o principal esteja seguro; onde pode ser recuperado sempre que desejado; e onde não deixará de obter uma renda justa".

No quarto dia do curso, Arkad conta para seus alunos que o "ouro na bolsa de um homem deve ser bem protegido, se não se perderá. Portanto, é sensato guardarmos primeiro uma pequena quantia, aprendendo a protegê-la, antes de os deuses nos confiarem quantias maiores".

Para a maioria das pessoas, depositar dinheiro num banco é considerado seguro. Elas consideram que as taxas de juros desprezíveis pagas em relação ao saldo da conta corrente são uma compensação necessária em função dessa segurança. No entanto, você sabe o quão realmente seguro é? Na sequência do colapso do subprime, que abalou o setor financeiro global num grau extremo, em 2007/2008, existiram preocupações verdadeiras sobre se um dos bancos de primeira linha sobreviveria à crise. O Northern Rock, do Reino Unido, foi estatizado em 2008 e, no momento da redação deste livro, os mercados financeiros globais não estão às mil maravilhas...

Se há um desastre importante à vista, então é melhor você conhecer as regras. Atualmente, o Financial Services Compensation Scheme protege o cidadão no Reino Unido, mas isso não é motivo de celebração. A entidade garante 100 por cento dos depósitos de até 2 mil libras esterlinas e 90 por cento das seguintes 33 mil libras esterlinas. A notícia razoavelmente boa, portanto, é que, se a pessoa tiver 35 mil libras esterlinas numa instituição financeira que se mete em apuros, ela

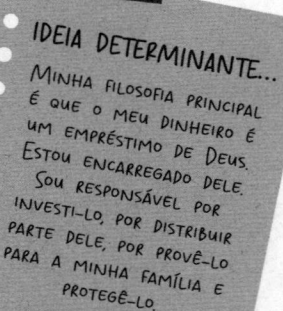

> **IDEIA DETERMINANTE...**
>
> Minha filosofia principal é que o meu dinheiro é um empréstimo de Deus. Estou encarregado dele. Sou responsável por investi-lo, por distribuir parte dele, por provê-lo para a minha família e protegê-lo.
>
> – Orel Hersbirer, pregador

obterá 31,7 mil libras esterlinas de volta. A má notícia é que, se a pessoa tiver 135 mil libras esterlinas naquela instituição, só obterá 31,7 mil libras esterlinas de volta.

Além disso, essa indenização só se aplica a uma pessoa por instituição. Assim, se você tiver muito dinheiro, precisará colocar ovos menores em diversos cestos. Cada depósito deve ser de 35 mil libras ou um valor menor, e as instituições escolhidas por você não devem estar vinculadas. Para fins de indenização, as subsidiárias de uma empresa controladora contam com uma única instituição. Assim, por exemplo, se você tivesse 35 mil libras esterlinas no Bank of Scotland e 35 mil libras esterlinas no Halifax, receberia apenas um pagamento de 31,7 mil libras esterlinas como indenização, pois eles pertencem ao mesmo grupo empresarial. Onde quer que você esteja, e independentemente de quanto dinheiro você tem, informe-se bem antes de decidir onde depositar suas economias.

Frequentemente, o desenvolvimento da riqueza é mais uma questão daquilo que você conserva do que daquilo que você ganha. Dessa maneira, como você trabalhou duro para poupar ou ganhar, você não vai querer perder. Você precisa procurar investimentos que prometem retornos razoáveis com nenhum risco ou com um risco mínimo em relação ao principal. Arkad termina a aula lembrando-nos: "Procure conselhos dos homens sábios. Siga os conselhos dos homens que lidam habitualmente com dinheiro. Deixe a sabedoria deles proteger seu tesouro dos investimentos de alto risco".

> **UMA IDEIA PARA VOCÊ...**
>
> EM RELAÇÃO A TODOS OS LUGARES ONDE VOCÊ TEM DINHEIRO INVESTIDO, DESCUBRA O QUE ACONTECERIA SE ELES FOSSEM À FALÊNCIA. SE VOCÊ AINDA NÃO SABE O RISCO QUE ESTÁ CORRENDO, ENTÃO É MELHOR DESCOBRIR AGORA, ENQUANTO AINDA HÁ TEMPO PARA MINIMIZÁ-LO.

22. INVISTA EM PROJETOS PLAUSÍVEIS

> *Quando se trata de guardar o dinheiro, Arkad adverte: "Todo aquele que possui ouro é tentado por oportunidades nas quais aparentemente poderia ganhar grandes somas através do investimento em projetos muito plausíveis". Clason repete esse conselho diversas vezes em todas as suas fábulas. Portanto, esse é, sem dúvida, um ponto muito importante.*

> **IDEIA DETERMINANTE...**
>
> Há mais cobiça do que sabedoria em arriscar muito para conseguir muito.
>
> — William Penn, empreendedor norte-americano

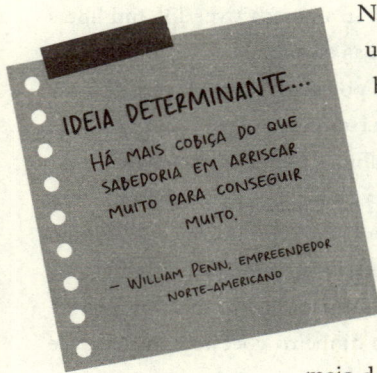

Não tenho certeza se constituiriam "projetos plausíveis", mas um dos meus favoritos é o golpe do e-mail nigeriano, também conhecido como fraude 419 ou fraude do "pagamento adiantado". Esses golpes nem sempre vêm da Nigéria, mas têm esvaziado os bolsos e as contas bancárias de pessoas ingênuas por décadas.

A fraude 419 originou-se no início da década de 1980 com o declínio da economia nigeriana baseada em petróleo. Inicialmente, diversos estudantes universitários desempregados utilizaram esse golpe específico como meio de manipular visitantes de negócios interessados em negócios duvidosos no setor petrolífero nigeriano. Em seguida, a fraude passou a visar empresários dos países do Ocidente e, posteriormente, a população em geral. O conceito é simples. Um e-mail é enviado por alguma pessoa verossímil que, aparentemente, possui milhões em diversas contas bancárias, mas não consegue tirar o dinheiro do país. Se a vítima ajudar a pessoa a movimentar o dinheiro, ela obterá uma fatia substancial da ação. Desnecessário dizer que há pagamentos adiantados pela transação. De maneira inacreditável, a polícia estima que só os cidadãos norte-americanos são lesados dessa maneira em cerca de 200 milhões de dólares todos os anos.

E o Reino Unido não se sai muito melhor. Um estudo realizado em 2006 indicou que fraudes desse tipo custam para a economia britânica 150 milhões de libras esterlinas por ano, com cada vítima perdendo 31 mil libras esterlinas, em média. Embora a quantidade de pessoas envolvidas seja "incerta" (não é algo que as pessoas saem por aí gritando a plenos pulmões), as quantias de dinheiro "quase certamente alcançaram bilhões de libras esterlinas nos últimos dez anos".

Entre outras fraudes conhecidas, incluem-se os esquemas de pirâmide, como o sistema do avião. Você paga uma taxa para se tornar passageiro do avião e, em seguida, deve recrutar mais passageiros, de modo a ascender na pirâmide, alcançando a posição de "tripulante", depois de "copiloto" e, finalmente, de "piloto", e então você supostamente sai do avião com maços de dinheiro. No entanto, não há um produto que passa de mão em mão; tudo é uma questão de recrutamento. Evidentemente, mais de 96 por cento das pessoas que se envolvem em esquemas de pirâmide nunca recuperam seu investimento inicial.

Quando se trata da oferta de um grande lucro em troca de pouco esforço, todos ficariam bem caso se lembrassem do conselho de Arkad: "O primeiro princípio dos investimentos bem-sucedidos é a segurança do capital aplicado. É sensato se fascinar por altos ganhos quando se pode perder o dinheiro investivo? Claro que não. A penalidade pelo risco é a provável perda. Antes de abrir mão de seu tesouro, estude com cuidado cada promessa de que ele possa ser recuperado com segurança. Não se deixe enganar pelo desejo romântico de fazer fortuna rapidamente".

> **UMA IDEIA PARA VOCÊ...**
>
> Você pode se juntar aos fraudadores... Um homem respondeu ao golpe nigeriano como "Padre Hector Barnett", da Igreja do Seio Pintado! Depois de alguns e-mails, ele informou ao remetente que não poderia ajudá-lo por causa da morte de sua amiga Minnie Mowse. Mas, se você pensar bem, é melhor não fazer isso. Os fraudadores são criminosos perigosos. Simplesmente exclua o e-mail.

23. DICAS PARA UM MAU INVESTIMENTO

> Uma das sugestões dadas por Arkad para testar a validade de um investimento envolve a pessoa que está lhe pedindo para fazê-lo. Os sinais de aviso estão claramente ali quando, "frequentemente, amigos e parentes estão fazendo um investimento de maneira ávida e insistem para que você os acompanhe". Tome cuidado com conhecidos empolgados que oferecem conselhos financeiros!

Quando se trata de amigos e parentes ansiosos, insistindo para que os acompanhemos, não há substituto para o marketing de rede. Muitos dos melhores marketings de rede são negócios lucrativos e muito bem administrados, com produtos excelentes, e, sem dúvida, há pessoas que obtiveram sucesso com o marketing de rede. No entanto, mesmo o setor do marketing de rede reconhece que as estatísticas não são boas. A maioria das pessoas que trabalham com isso tem menos de três clientes. Dessas pessoas, 75 por cento abandonaram o negócio em três meses, e 95 por cento abandonaram em um ano.

De fato, o marketing de rede pode oferecer uma maneira de suplementar sua renda, mas, quando qualquer pessoa num raio de oitenta quilômetros representa uma venda potencial, você precisa ter pele de rinoceronte para lidar com a rejeição quase constante. Encaremos o fato: nada no universo é capaz de esvaziar um recinto mais rápido do que a chegada de um representante fanático da Amway.

O outro desastre esperando para acontecer envolve a armadilha da "dica quente" da Bolsa de Valores. David

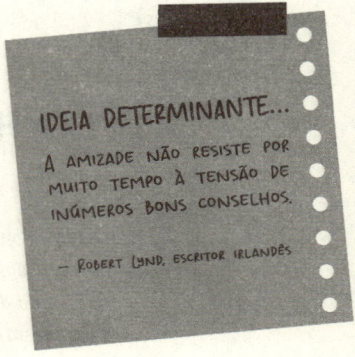

> **IDEIA DETERMINANTE...**
>
> A amizade não resiste por muito tempo à tensão de inúmeros bons conselhos.
>
> — Robert Lynd, escritor irlandês

Novac, corretor bem-sucedido e educador sobre o mercado acionário, fala de sua evolução como corretor, de aprendiz a profissional. Seu ingresso no mercado acionário aconteceu quando um colega insistiu para que ele investisse numa empresa especulativa de mineração de ouro. Na ocasião, a ação da empresa valia 50 centavos de dólar, mas, sem dúvida, o valor subiria rapidamente, e a ação valeria 5 dólares. Com os cifrões nos olhos, David investiu as economias de sua vida. Em seguida, ele passou por uma montanha-russa de emoções. Primeiro, houve euforia quando o preço da ação alcançou 2 dólares, mas David não vendeu nenhuma para recuperar parte de seu investimento. Em pouco tempo, houve pânico e remorso, culminando em desespero quando a empresa pediu falência. David perdeu tudo.

Foi uma lição penosa e onerosa, mas também foi uma que Novac jamais esqueceu. Depois de jurar que nunca mais voltaria a investir em ações, ele quebrou seu juramento e, dessa vez, foi muito bem-sucedido, compreendendo o mercado e ajudando os outros a fazer o mesmo. No entanto, David se mantém firme: nunca confie em dicas, quentes ou não.

Arkad, o "homem mais rico da Babilônia", perdeu todo o seu dinheiro uma vez porque confiou no conselho de alguém que não sabia nada a respeito de um determinado investimento. O mesmo se aplica a familiares ansiosos, com cifrões brilhando nos olhos. Isso dito, é bastante provável que, se você trabalhou numa organização de marketing de rede por alguns meses, nessa época nenhum dos seus amigos ou parentes ficaram ansiosos em conversar com você, nem mesmo para lhe oferecer conselhos de investimento.

Uma ideia para você...

Quer tomar uma decisão mas não consegue? Jogue pedra, papel, tesoura (Janken-po). No Japão, isso é comum. Quando Takashi Hashiyam, presidente da Maspro Denkoh Corporation, quis vender sua coleção de obras de arte, precisava decidir entre a sociedade de vendas por leilão Christies ou Sothebys. Ele as fez jogar pedra, papel, tesoura. Tesoura ganhou.

24. TENHA SUA CASA PRÓPRIA

Arkad afirma que a quinta solução contra o bolso vazio é: "Tenha sua própria casa. Muitas bênçãos alcançam o homem que possui sua própria casa. Isso reduzirá muito o custo de vida, deixando disponível uma parte maior dos ganhos para os prazeres e a satisfação dos desejos".

Ainda é uma grande verdade o que Arkad diz, e, sem dúvida, ter uma casa própria, não hipotecada, pode reduzir significativamente o custo de vida. Infelizmente, porém, a casa própria não é mais a panaceia que era antigamente.

No início dos anos 1990, no Reino Unido, se você quisesse comprar uma casa, seria capaz de obter um empréstimo entre três vezes e três vezes e meia seu salário bruto anual. Se você morasse com alguém, poderia obter um empréstimo equivalente a três vezes e meia o maior salário anual e de uma vez o menor, ou de três vezes a renda anual conjunta. Então, por exemplo, se você fosse solteiro e ganhasse 20 mil libras esterlinas por ano, o valor máximo do empréstimo seria de 70 mil libras esterlinas, e, para obter esse valor, você teria de fazer um depósito significativo. Se você morasse com alguém, e um de vocês ganhasse 20 mil libras esterlinas e o outro ganhasse 18 mil libras esterlinas, o valor máximo do empréstimo seria de 114 mil libras esterlinas.

> **IDEIA DETERMINANTE...**
> Uma casa confortável é uma grande fonte de felicidade. Classifica-se logo depois da saúde e da consciência tranquila.
> — Sydney Smith, escritor e sacerdote inglês

Em março de 2007, no Reino Unido, o preço médio de um imóvel era de 194,4 mil libras esterlinas. O salário bruto médio nacional era de 23,6 mil libras esterlinas por ano, ou seja, menos de um oitavo do custo médio de um imóvel. Evidentemente, havia uma disparidade.

De acordo com os bancos e os corretores imobiliários, o sistema tradicional estava ultrapassado. O Abbey, segundo maior credor hipotecário da Grã-Bretanha, mudou suas regras, permitindo que os compradores de imóveis pedissem empréstimos equivalentes a cinco vezes o valor de seus salários anuais. Outros bancos e sociedades de crédito imobiliário foram ainda mais longe, oferecendo empréstimos equivalentes a seis vezes os salários anuais. Não se trata de mera coincidência o fato de que uma dessas organizações fosse o Northern Rock. No momento da redação deste livro, o banco ainda estava sob controle estatal, depois de sua estratégia de subprime o deixar de joelhos.

De acordo com uma declaração emitida bem antes do que aconteceu, o Northern Rock afirmou: "Estamos encorajando os mutuários de alta qualidade e baixo risco. Como resultado de uma avaliação de crédito mais sofisticada, somos capazes de ser mais flexíveis em relação às circunstâncias específicas dos mutuários". Evidentemente essa estratégia não teve sucesso. Talvez se o banco tivesse prestado um pouco menos de atenção em suas avaliações "sofisticadas" e aplicado um pouco de bom senso, os pagadores de impostos não estariam agora tentando reparar os danos financeiros.

Porém, para sermos justos, essa situação não envolveu apenas o Northern Rock. Todas as instituições que concederam empréstimos negaram enfaticamente que suas ações foram irresponsáveis. Uau!

Arkad talvez tenha razão quando diz aos seus alunos que "nenhuma família pode gozar completamente a vida se não tiver um pedaço de chão onde as crianças possam brincar ao sol e onde a mulher possa plantar não só um pomar, mas também verduras para alimentar os seus". No entanto, isso se mostra cada vez mais difícil.

> **Uma ideia para você...**
>
> Se você estiver comprando uma casa, pague o máximo possível como entrada. Evite taxas iniciais de empréstimo. Se por algum acaso sua taxa de juros for cortada, continue pagando valor com juros, pois assim você reduz a dívida mais rápido. Apenas 30 libras esterlinas por mês acima do valor mínimo deduz 10 mil libras esterlinas de um empréstimo de 200 mil libras esterlinas, e reduz o prazo em 14 meses.

25. FAÇA UM SEGURO PARA O FUTURO

Segundo Arkad, a sexta solução contra o bolso vazio é: "Seja precavido quanto às necessidades da velhice e à proteção da família. Cabe ao homem providenciar uma renda adequada para os dias futuros, para quando ele tiver deixado a juventude para trás".

Arkad profetizou: "Em minha mente, há a crença de que, algum dia, homens sábios criarão um plano de seguro contra a morte, pelo qual muitos homens pagarão uma soma insignificante regularmente, e o agregado resultará numa soma considerável para a família de cada membro que passou para o outro mundo. Vejo isso como algo desejável, digno da mais alta recomendação..."

Esse dia, é claro, chegou. O entusiasmo de Clason por seguros se manifestou diversas vezes. Até o ponto de você se perguntar se ele estava recebendo comissão dos bancos e das companhias de seguros, através dos quais distribuiu milhões de cópias de seus folhetos originais...

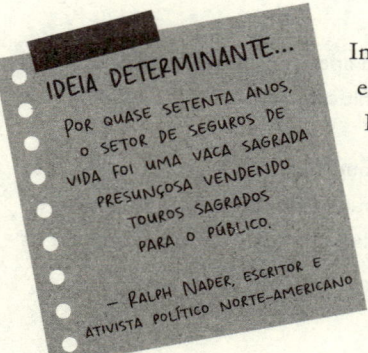

> **IDEIA DETERMINANTE...**
>
> Por quase setenta anos, o setor de seguros de vida foi uma vaca sagrada presunçosa vendendo touros sagrados para o público.
>
> — RALPH NADER, escritor e ativista político norte-americano

O seguro como conhecemos hoje começou no século XVII, na Inglaterra. Em 1688, os comerciantes, os proprietários de navios e os seguradores se encontravam na Lloyd's Coffee House, em Londres, para conversar e fazer negócios. No final do século XVII, a Lloyd's tornou-se uma das primeiras companhias de seguros modernas, e ainda hoje está em funcionamento.

Atualmente, você pode fazer seguro de quase tudo. Mas você realmente precisa? Em 1993, cerca de 4.500 homens se assustaram tanto quando Lorraine Bobbit pegou uma faca afiada e cortou o pênis de seu marido que fizeram um seguro contra destino semelhante. Por apenas 150 dólares por ano, eles podem ter a certeza de que serão indenizados com 1,5 milhão de dólares se suas companheiras discordarem violentamente a respeito de algum comportamento ou atitude do companheiro. Pessoalmente, acho que, se você estivesse se relacionando com alguém com a tendência de usar facas de trinchar, seria melhor você moderar suas relações extraconjugais ou se separar.

Ou que tal a abdução por alienígenas? Se você se preocupa em ser teletransportado por homenzinhos verdes, não tenha medo; sim, você pode fazer um seguro contra isso. Cerca de 20 mil pessoas dormem mais sossegadas à noite sabendo que, se alienígenas decidirem realizar experiências com elas, a companhia de seguros estará pronta para desembolsar 1,5 milhão de dólares. Considerando como é difícil convencer uma companhia de seguros de que você acidentalmente derramou leite sobre seu laptop segurado por uma apólice contra danos acidentais, ocorre-me que abduzidos de regresso podem ter uma certa dificuldade para provar o que aconteceu com eles...

Bobagens à parte, ter muitos seguros é simplesmente perda de dinheiro. No entanto, investir num seguro para proteger você e sua família é sensato. Arkad concluiu afirmando que "nenhum homem pode se dar ao luxo de não assegurar um tesouro para a sua velhice e para a proteção de sua família, independentemente de quão prósperos possam ser seus negócios e investimentos".

> **UMA IDEIA PARA VOCÊ...**
>
> Verifique cuidadosamente as apólices de seguro; concentre sua atenção nas letras miúdas do verso. As seguradoras confiam no fato de que, no momento em que você alcançar as exceções — ou seja, o que o seguro não cobre —, terá perdido a vontade de ler. Leia as letras miúdas — sobretudo as exceções — e tome uma decisão inteligente a respeito da validade da apólice.

26. AUMENTE SUA CAPACIDADE DE GANHO

> No último dia do curso, Arkad revelou para seus alunos a sétima e última solução para o bolso vazio: "Cultive suas aptidões, estude e se torne mais sábio, fique mais habilidoso e aja sempre com respeito próprio. Quanto mais conhecimento temos, mais podemos ganhar".

Arkad conta a história de um jovem que veio lhe pedir um conselho: "Por seis vezes, em duas luas, procurei meu patrão para pedir um aumento, mas sem sucesso. Ninguém pode insistir tanto assim".

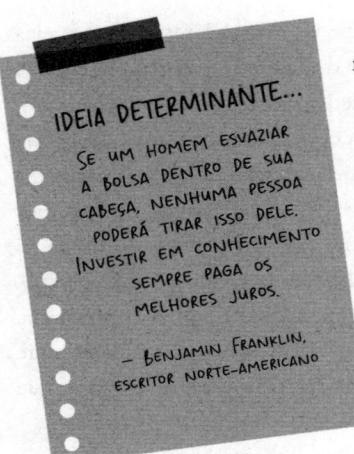

> **IDEIA DETERMINANTE...**
>
> Se um homem esvaziar a bolsa dentro de sua cabeça, nenhuma pessoa poderá tirar isso dele. Investir em conhecimento sempre paga os melhores juros.
>
> — Benjamin Franklin, escritor norte-americano

Frequentemente, nos concentramos mais no que vamos receber do que no que vamos dar. Esperamos ser recompensados primeiro e demonstrar nosso valor depois. Esperamos ter um aumento salarial todos os anos somente porque achamos que merecemos, e nos convencemos de que, se os chefes querem mais, simplesmente vão ter que pagar mais. Mas por que eles teriam? Temos de ser melhores em nosso trabalho, fazendo mais do que nos é pedido, e, no devido tempo, teremos a recompensa, e não ao contrário.

Quando Arkad começou como escriba, logo percebeu que tinha de melhorar para ganhar mais dinheiro: "Com razoável celeridade, minha crescente habilidade foi recompensada, e não precisei procurar por seis vezes meu patrão em busca de reconhecimento".

As atitudes sempre valem mais do que as palavras. Essa ideia nunca ficou mais evidente do que no programa britânico de tevê *The Apprentice* (*O aprendiz*), onde sir Alan Sugar, milionário sensato que venceu na vida por esforço próprio, põe à prova dezesseis aspirantes a magnatas (frequentemente iludidos), para ver quem conseguirá um emprego em sua organização. Na quarta edição do programa, o destaque foi Michael Sophocles — um autodeclarado "vendedor nato", que tentou vender pacotes de locação de uma Ferrari numa feira de rua. Posso ver isso agora: "Quatro batatas grandes, uma caixinha de morangos e uma locação de meio dia daquela Ferrari, por favor...". Como ele sobreviveu aos últimos seis concorrentes é um mistério completo, mas, no fim, a incongruência entre o que ele dizia, o que ele era, e o que ele conseguia demonstrar que era ficou evidente.

Apresente o melhor desempenho e aprenda tudo o que puder. Só assim você será capaz de realmente melhorar aquele desempenho. Além de se sentir melhor consigo mesmo, você será notado e recompensado. Caso isso não aconteça, siga adiante, mesmo assim. Não grite para chamar a atenção a respeito de sua capacidade; em vez disso, continue demonstrando-a.

Arkad assegura aos alunos: "Os negócios sempre mudam e melhoram, pois homens de mente aguçada procuram melhorar suas habilidades, a fim de melhor servir aqueles de quem dependem. Portanto, sugiro que todos os homens se ponham na linha de frente do progresso e não fiquem parados, para não serem deixados para trás".

> **UMA IDEIA PARA VOCÊ...**
>
> Se você quiser ganhar mais dinheiro no trabalho, melhore seu desempenho. Aprenda como fazer seu serviço melhor, mais rápido e com mais eficiência. Se você perceber uma parte do sistema que pode ser aperfeiçoada, então se manifeste e sugira uma solução. Com o tempo, isso será percebido. Você nunca vai conseguir mais dando menos.

27. PAGUE SUAS DÍVIDAS PONTUALMENTE

Na conclusão de seu curso a respeito das sete soluções contra o bolso vazio, Arkad revela mais três coisas que um homem deve fazer para o respeito próprio. Uma coisa é: "Ele deve pagar suas dívidas com toda a pontualidade de que for capaz, não comprando nada que seja incapaz de pagar".

No Reino Unido, em 2003, os CEOs das cinco principais empresas de cartão de crédito compareceram diante da Comissão de Finanças da Câmara dos Comuns (equivalente à Câmara dos Deputados no Brasil) para prestar esclarecimentos a respeito das reclamações sobre seus encargos. A comissão queria que as operadoras fornecessem informações mais claras. Um estudo da Royal & Sun Alliance revelou que 62 por cento dos detentores de cartão de crédito não tinham ideia da taxa anual de juros padrão cobrada em empréstimos, que pode ser até cinco vezes maior que a taxa básica.

Matt Barrett, CEO do Barclays, atraiu críticas ácidas depois de admitir: "Não tomo empréstimos de cartões de crédito. É muito caro. Tenho quatro filhos pequenos. Aconselho-os a não acumular dívidas em seus cartões de crédito". Surpreendente, talvez, mas, ao menos, ele foi honesto. Ele reconheceu que um cliente do Barclaycard, fazendo o pagamento mínimo mensal, poderia levar mais de dez anos para liquidar a dívida.

A única maneira de utilizar o cartão de crédito de forma proveitosa é liquidar a dívida integralmente todos os meses, que é o que Matt Barrett e cerca de 50 por cento de seus clientes fazem. Para os restantes 4,5 milhões de clientes... Bem, eles afundam cada vez mais no atoleiro da dívida.

Os credores são os únicos que enriquecem por causa dos cartões de crédito. Em dezembro de 2007, no Reino Unido, a dívida total em cartões de crédito alcançava 54,9 bilhões de libras esterlinas. A soma dos limites de crédito dos cartões em circulação era de 177 bilhões de libras esterlinas. Em fevereiro de 2008, a taxa média de juros sobre empréstimos via cartão de crédito era de 17,31 por cento ao ano; na época, representava 12,06 por cento acima da taxa básica.

Matt Barrett foi criticado severamente por seus comentários, no que a mídia descreveu como uma "gafe ao estilo Ratner". Mas quem é o idiota? O chefe da maior emissora de cartões de crédito do Reino Unido, que admite abertamente que não contrai dívidas em seu próprio produto, porque é uma dívida muito cara, ou os milhões de clientes de cartão de crédito que fazem isso? Pense a respeito disso por um segundo. Se Richard Branson se recusasse a voar pela Virgin Atlantic e escolhesse a Qantas, você pensaria duas vezes a respeito de reservar uma passagem com a Virgin?

Escute o conselho de Arkad e reduza ao mínimo sua dívida. Além disso, as preocupações financeiras não fazem bem para a saúde, isso já foi comprovado cientificamente. Acredite ou não, o doutor Roger Henderson, clínico geral e

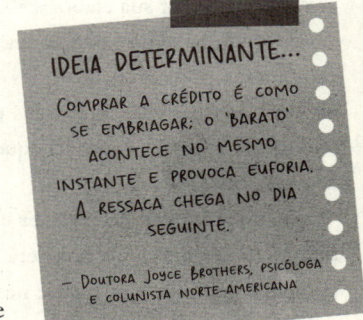

> **IDEIA DETERMINANTE...**
> COMPRAR A CRÉDITO É COMO SE EMBRIAGAR; O 'BARATO' ACONTECE NO MESMO INSTANTE E PROVOCA EUFORIA. A RESSACA CHEGA NO DIA SEGUINTE.
> — DOUTORA JOYCE BROTHERS, PSICÓLOGA E COLUNISTA NORTE-AMERICANA

especialista em saúde mental, identificou uma síndrome associada à falta de dinheiro (Money Sickness Syndrome — MSS), acrescentando que 43 por cento da população adulta do Reino Unido sofre de estresse e ansiedade provocados por problemas financeiros. Para o doutor Henderson, "As preocupações financeiras podem causar graves problemas nos relacionamentos, e as pessoas que enfrentam problemas financeiros sofrem mais problemas de saúde do que as pessoas capazes de controlar suas finanças".

> **UMA IDEIA PARA VOCÊ...**
>
> Descubra a taxa anual de juros padrão cobrada em empréstimos que você está pagando em todos os seus cartões de crédito. Consulte um dos sites de comparação on-line para encontrar uma taxa mais em conta; confira cuidadosamente as letras miúdas, para verificar se a taxa não é só inicial, e transfira sua dívida. Compare valores; você pode economizar um bom dinheiro.

28. FAÇA SEU TESTAMENTO

Arkad sugere que o segundo aspecto básico para assegurar o respeito próprio é: "Ele deve fazer um testamento para que, no caso de os deuses o chamarem, a divisão adequada e honesta de seus bens seja feita". Mesmo em tempos antigos o cuidado com aqueles deixados para trás era considerado uma prioridade.

De acordo com a Inland Revenue (a Receita Federal do Reino Unido), a maioria dos adultos britânicos não possui um testamento válido. A maioria não se preocupou em fazê-lo porque acha que será muito oneroso ou porque acredita que seus negócios não são bastante complexos para justificar sua elaboração.

O que eles não se dão conta, porém, é que não ter um testamento pode significar potencialmente a transferência de seu espólio para o governo. Se você morrer sem fazer um testamento ("intestado"), então seus entes queridos perderão todo o controle sobre a divisão de seus bens. Em vez disso, leis que regem bens de pessoas falecidas entram em vigor, e seus desejos podem ser ignorados.

Se você for casado ou tiver uma união estável, sua parceira não terá direito automático a tudo. Em vez disso, ela receberá 125 mil libras esterlinas dos bens com isenção de impostos (a menos que não haja filhos; nesse caso, o valor sobe para 200 mil libras esterlinas), juntamente com objetos de uso pessoal. Mas qualquer coisa que restar vai para filhos, netos, pais e, finalmente, irmãos (embora meios-irmãos não recebam nada).

Frequentemente, as pessoas supõem que seus espólios irão para seus filhos, sobretudo se elas se casaram de novo. No entanto, esse não é o caso, e, a menos que você faça um testamento com instruções explícitas, seus bens serão distribuídos de acordo com a lei. Assim, se você não se dá com sua família e quer deixar seus bens para seus cães, faça um testamento... Você encontrará informações básicas nos sites do governo.

Também vale observar que, se você morrer sem deixar um testamento, as implicações tributárias poderão ser desastrosas para aqueles deixados para trás, sobretudo se você não for casado com sua companheira. De acordo com os órgãos arrecadadores de impostos, todos os anos há diversos casos de pessoas sendo forçadas a deixar o imóvel da família devido à incapacidade delas de pagar o imposto de renda devido.

Um dos testamentos mais estranhos de todos os tempos foi o de Charles Vance Millar, que deixou a maior parte de seu espólio para a mulher de Toronto que tivesse o maior número de filhos nos dez anos seguintes à morte dele, resultando no "Grande Dérbi da Cegonha". As tentativas de invalidar o testamento por supostos herdeiros foram malsucedidas, e a maior parte da fortuna de Millar acabou indo para quatro mulheres.

Há também inúmeros casos de pessoas que favorecem gatos, cachorros e até chimpanzés em detrimento dos próprios parentes. No entanto, se você quiser cuidar de sua família e assegurar que ela não sofra dificuldades financeiras e/ou emocionais, siga o conselho de Arkad e faça um testamento.

> **IDEIA DETERMINANTE...**
>
> Mas milhares morrem sem nada, ou com isso ou aquilo./ Morrem e favorecem uma faculdade ou um gato./ Para alguns, de fato, o Céu concede o destino mais feliz/ Enriquece um bastardo; ou um filho odiado.
>
> — Alexander Pope, poeta inglês

> **Uma ideia para você...**
>
> Se você ainda não fez um testamento, digite "como fazer um testamento" em qualquer mecanismo de busca; você será apresentado a milhões de páginas. Diversos sites oferecem formulários grátis para download; ou você pode simplesmente preencher os formulários on-line e ter o seu testamento entregue em poucos dias, por um valor razoável.

29. TENHA COMPAIXÃO PELAS PESSOAS COM NECESSIDADES

> Arkad sustenta que o último aspecto básico para assegurar o respeito próprio é: "Ele deve ter compaixão pelos que sofrem ou estão prostrados pelo infortúnio, e deve ajudá-los na medida de suas possibilidades. Deve agir com consideração em favor das pessoas que lhe querem bem". Estender a mão aos outros ainda é importante.

Consideremos o Reino Unido. Levando em conta que existem mais de 200 mil instituições beneficentes em funcionamento no país, os britânicos devem ser, sem dúvida, misericordiosos. Entre o *Children in Need* (programa anual da BBC de arrecadação de fundos para a infância) e os captadores de recursos de caridade nas ruas de todo o país, os britânicos doam milhões para caridade todos os anos.

No entanto, de acordo com lorde Joffe, os britânicos, na realidade, têm ficado menos caridosos nos últimos quinze anos. Ao que tudo indica, apesar do aumento da renda média e da duplicação da riqueza pessoal, as doações para caridade caíram 25 por cento. Curiosamente, não são os ricos os mais generosos com organizações como a Comic Relief (organização de caridade que utiliza o riso para combater a miséria), mas, sim, as pessoas que não necessariamente dispõem de dinheiro sobrando para isso. Talvez a grande quantidade de escândalos envolvendo doações tenha alimentado as preocupações latentes a respeito do verdadeiro destino do dinheiro, ou talvez os ricos sejam simplesmente mesquinhos e foi assim que ficaram ricos...

Felizmente, nem todos os ricos são mesquinhos, e há diversos exemplos de generosidade extraordinária. Um dos mais famosos filantropos de todos os tempos foi Andrew Carnegie. Tendo acumulado uma fortuna no ramo do aço, dedicou a segunda metade de sua vida a distribuí-la. Em tempos recentes, os bilionários e amigos de longa data Bill Gates e Warren Buffett estão levando avante essa nobre tradição. Em junho de 2008, Bill Gates deixou a operação diária da Microsoft para se concentrar em seu trabalho na maior organização filantrópica do mundo, a Fundação Bill e Melinda Gates, com ativos de 30 bilhões de dólares. A fundação se concentra no combate a doenças como malária, AIDS e tuberculose, e também na melhoria das bibliotecas e escolas de ensino médio dos Estados Unidos.

Em 2006, Warren Buffet se comprometeu a distribuir gradualmente 85 por cento de sua riqueza em favor de cinco fundações. No momento da declaração, o valor da doação equivalia a mais de 40 bilhões de dólares, tornando-se a maior doação filantrópica da história. No entanto, como a doação envolve ações da Berkshire Hathaway e também está escalonada ao longo de diversos anos, o preços das ações na data de cada doação determinará seu valor em dólar. Considerando que, desde a declaração de

> **IDEIA DETERMINANTE...**
> Se você quiser que os outros sejam felizes, pratique a compaixão. Se você quiser ser feliz, pratique a compaixão.
>
> — Dalai Lama

Buffett, o valor dessas ações já subiu para mais de mil dólares por ação, o valor final da doação tem a probabilidade de alcançar muito mais que 40 bilhões de dólares. Cinco sextos das ações irão para a Fundação Gates, onde Buffett se juntará a Bill e Melinda Gates como terceiro gestor.

Quer sejamos ricos ou não, Arkad aconselha que demonstremos compaixão pelos outros e, sempre que possível, devemos ajudar os menos afortunados.

> **UMA IDEIA PARA VOCÊ...**
>
> HÁ DIVERSAS GRANDES CAUSAS QUE PRECISAM DE APOIO E MUITAS NEM SÃO INSTITUIÇÕES DE CARIDADE. TALVEZ ALGO COMO UMA ORGANIZAÇÃO DE VOLUNTÁRIOS QUE VISITA PESSOAS IDOSAS EM SUA REGIÃO. OFERECER ALGUM TEMPO OU ALGUM DINHEIRO PODE FAZER UMA DIFERENÇA REAL. E AJUDAR OS OUTROS TAMBÉM FAZ VOCÊ SE SENTIR MELHOR.

30. O QUE VOCÊ APRENDEU NA ESCOLA?

No quarto capítulo de O homem mais rico da Babilônia *voltamos a encontrar Arkad. Dessa vez, ele está dando aulas no "Templo do Saber, onde os conhecimentos do passado eram expostos por professores voluntários e onde assuntos de interesse público eram discutidos em fóruns abertos". Arkad dava aulas na maioria das noites.*

Clason fala acerca do fato de que não havia educação formal na Babilônia. No entanto, já havia um centro de aprendizado, uma verdadeira escola prática. Embora seja raramente mencionado nos livros de história, esse centro "rivalizava em importância com o palácio do rei, os Jardins Suspensos e os templos dos deuses".

Atualmente, temos escolas e faculdades, mas estamos realmente em melhor situação? Você sabia que a ideia de educação obrigatória veio do sistema de castas indiano? Na Índia, as pessoas nascem numa posição social específica. Os membros das castas superiores (equivalente a 5 por cento da população) são conhecidos como os "nascidos duas vezes", e são educados e ricos. Os membros das castas inferiores (equivalente a 95 por cento da população) dedicam-se ao trabalho servil, incluindo um grupo conhecido como "intocáveis". Depois de visitar a Índia, Andrew Bell, jovem capelão anglicano, notou que o hinduísmo havia criado uma instituição de educação em massa para crianças, que ensinava o "servilismo voluntário",

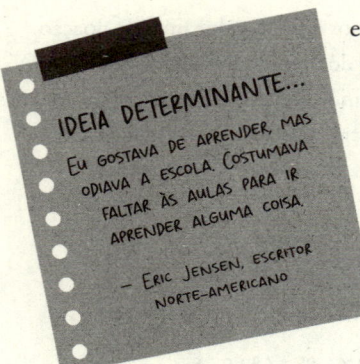

> **IDEIA DETERMINANTE...**
> Eu gostava de aprender, mas odiava a escola. Costumava faltar às aulas para ir aprender alguma coisa.
>
> — Eric Jensen, escritor norte-americano

e identificou as possibilidades desse sistema na criação de uma força de trabalho dócil para a revolução industrial.

A escola como a conhecemos foi o resultado. Os detentores do poder decidiram que a ignorância com instrução era melhor que a estupidez sem instrução. Assim, as escolas foram criadas para "ensinar" às pessoas o modo de se ajustar a um sistema que precisava muito delas. Nos Estados Unidos, naquela época, homens muito ricos como Rockefeller exerceram grande influência sobre as escolas.

Na primeira declaração de missão do General Education Board (Conselho Geral da Educação), de Rockefeller, a verdadeira intenção da escola foi revelada...

"Em nossos sonhos... As pessoas se submetem com perfeita docilidade à nossa modelagem... Não devemos tentar converter essas pessoas, ou qualquer um de seus filhos, em filósofos, homens de conhecimento ou homens de ciência. Não temos de criar escritores, educadores, poetas ou homens de letras entre eles. Não devemos procurar embriões de grandes artistas, pintores, músicos, nem advogados, médicos, sacerdotes, políticos ou dignitários, de quem temos amplo sortimento. A tarefa que temos diante de nós é muito simples: vamos estruturar as crianças... E ensiná-las a fazer de maneira perfeita as coisas que seus pais e suas mães fazem de maneira imperfeita."

Essa declaração faz você pensar, não? Não considere que a escola vai prepará-lo para a vida. Ao contrário, ela prepara você para seguir regras, ter boas notas e se encaixar num cargo pré-definido, de modo que você possa trabalhar para enriquecer alguém.

O fato é o seguinte: o aprendizado acontece de melhor maneira quando é voluntário e pertinente à vida. Arkad nos lembra de como a Babilônia era avançada. No interior dos muros do Templo do Saber babilônico, "todos os homens se reuniam como iguais. O mais humilde dos escravos podia contestar sem medo de represálias as opiniões de um príncipe da casa real".

> **UMA IDEIA PARA VOCÊ...**
> Anote cinco pontos fortes que você tem e como pode melhorá-los, e talvez ganhar dinheiro com eles. Raramente as pessoas enriquecem trabalhando para alguém. É o momento de começar a pensar de forma criativa.

31. HÁ UM JEITO DE ATRAIR A BOA SORTE?

No Templo, um aluno pergunta para Arkad: "Há alguma maneira de atrair a boa sorte?". E ele segue contando a sua história: "Hoje, eu tive sorte, pois encontrei uma bolsa com moedas de ouro. Meu grande desejo é continuar tendo sorte".

Naturalmente, o aluno se esquece de que o homem que perdeu a bolsa pode ter contado o outro lado da história para alguém. Ou seja, ele está procurando respostas de como evitar a má sorte...

Arkad, porém, acha que o tema merece discussão, e a conversa, inevitavelmente, volta-se para os jogos de azar. "Quando um homem fala de sorte não é normal que seus pensamentos se voltem para as mesas de jogo? Não é nelas que encontramos muitos homens pedindo os favores dos deuses na expectativa de que eles os abençoarão com prêmios valiosos?"

> **IDEIA DETERMINANTE...**
> Sempre que você ver uma mesa de jogo, não se esqueça de que a fortuna não está ali. Na realidade, ela sempre está na empresa do ramo.
>
> — Oliver Goldsmith, escritor irlandês

Como o setor de jogos de azar é bastante fragmentado, é muito difícil obter números verdadeiros e corretos a respeito de quanto está sendo gasto. A Betting Office Licensees Association, a associação de licenciamento de casas de apostas do Reino Unido, estima que o mercado global de jogos de azar, em todas as formas, movimenta cerca de 1 trilhão de dólares. De acordo com o British Gambling Prevalence Survey, de 2007, realizado pelo National Centre of Social Research, o valor retido pelos operadores após o pagamento dos prêmios — mas antes da dedução dos custos — havia crescido pouco mais de 7 bilhões de libras esterlinas, entre 1999-2000, para pouco menos de 10 bilhões de libras esterlinas, em 2007.

É muito dinheiro, e valida o argumento de Arkad: "O jogo é tão arranjado que sempre favorece os administradores... Poucos jogadores percebem quão certos são os ganhos do administrador do jogo e quão incertas são suas próprias chances de ganhar".

De acordo com o estudo, na Grã-Bretanha, até 378 mil pessoas apresentam problemas relacionados a jogos de azar, sendo que esses problemas atingem mais os homens do que as mulheres. Ser divorciado também não ajuda, embora o estudo não tenha investigado o fato de se o divórcio leva ao impulso incontrolável de jogar, ou vice-versa. No entanto, arrisco-me a supor que o impulso incontrolável de jogar leva ao divórcio.

Atualmente, a quantidade de maneiras pelas quais podemos perder nosso dinheiro é estonteante: cassinos, corridas de cavalo, corridas de galgos, loterias, loterias esportivas, raspadinhas, bingos, máquinas caça-níqueis... Na Austrália, você pode até jogar "two-up" e apostar no arremesso de uma moeda. Contudo, apesar de os métodos de jogos terem se tornado mais sofisticados do que as mesas de jogo da Babilônia, o resultado ainda é o mesmo.

Arkad nos lembra que a sorte "é uma deusa de amor e dignidade, cujo prazer consiste em ajudar os necessitados e recompensar aqueles que fizeram por merecer. Espero encontrá-la não nas mesas de jogo ou nas corridas, em que os homens perdem mais do que ganham, mas nos lugares onde as ações humanas têm mais mérito e são mais dignas de recompensa".

> **UMA IDEIA PARA VOCÊ...**
>
> Se você for ao hipódromo um dia, não leve o cartão de crédito ou de débito. Leve dinheiro; uma vez gasto, é tudo o que você pode perder. Se você tiver sorte, economizará um pouco para pagar o táxi que o levará de volta para casa; caso contrário, você poderá desfrutar de uma longa e saudável caminhada e, ao mesmo tempo, refletir a respeito de sua perda.

32. A BOA SORTE RECOMPENSA AOS QUE RECONHECEM A OPORTUNIDADE

Na discussão a respeito da sorte, Arkad sugere: "Agora, vamos considerar nossas ocupações e negócios. Não é natural que, depois de concluirmos uma transação com lucro, consideremos a mesma não como um lance de sorte, mas sim como uma justa recompensa pelos nossos esforços? Sinto-me inclinado a pensar que podemos estar desprezando as dádivas da deusa".

Talvez a sorte não se deva a um acaso fortuito, mas ao reconhecimento de uma oportunidade que surge, e de aproveitá-la ao máximo. Sem dúvida, a história está cheia de exemplos, incluindo aqueles das oportunidades perdidas...

Em 1885, Augustine Le Prince, inventor francês, desenvolveu o protótipo de uma câmera de cinema. Em 1888, ele recebeu a primeira patente, tanto na França como nos Estados Unidos, e, em 1890, fez uma demonstração pública na Ópera Garnier. Apesar de bem recebido, Le Prince voltou à sua oficina para aperfeiçoar o aparelho. Posteriormente, desapareceu em circunstâncias suspeitas, e Thomas Edison é, atualmente, mais amplamente reconhecido como o inventor da câmera de cinema. Se Le Prince tivesse agarrado a oportunidade de tornar sua descoberta conhecida após a demonstração em Paris, em vez de buscar a perfeição, ele, e não Edison, teria entrado para história como inventor da câmera.

> **IDEIA DETERMINANTE...**
>
> Sorte é o que acontece quando a oportunidade encontra alguém preparado.
>
> — Sêneca, filósofo romano

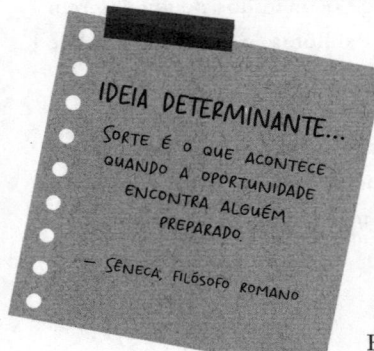

Há alguns anos, ficou célebre a oportunidade perdida da Yahoo de comprar a Google. Larry Page e Sergey Brin, fundadores da Google, visitaram David Filo, amigo deles e fundador da Yahoo, para vender a recém-criada empresa deles. Embora Filo concordasse que a tecnologia era sólida, decidiu não se envolver, acrescentando: "Quando estiver plenamente desenvolvida e expandível, voltamos a conversar". A Google, porém, encontrou os recursos financeiros necessários e, na ocasião em que a tecnologia estava "plenamente desenvolvida e expandível", a oportunidade havia passado. No período de uma década, a Google passou de uma startup de garagem para uma das empresas mais bem-sucedidas de todos os tempos, e não dá sinais de desaceleração.

Em minha própria vida, só desenvolvi minha carreira como escritora depois de aproveitar uma oportunidade. Um amigo meu, com quem eu fazia um trabalho, falou-me de um conhecido seu, nos Estados Unidos, que procurava alguém para ajudá-lo a reescrever seu original. Na ocasião, eu era uma consultora de marketing descontente, que nutria aspirações como escritora. O homem em questão era Blair Singer, palestrante internacionalmente conhecido, especializado em vendas. Entrei em contato com Blair, disse-lhe que reescreveria alguns capítulos e que, se ele gostasse do resultado, faríamos o livro, e que, se ele não gostasse, não lhe custaria um centavo. Ele adorou, e *SalesDogs (Vendedor rico)* foi o resultado. Atualmente, esse livro é uma *best-seller* internacional, da coleção *Rich Dad Advisor (O guia do pai rico)*, de Robert Kiosaki.

Portanto, a boa sorte talvez seja mais perfeitamente descrita como um resultado de causa e efeito, que ocorre quando oportunidades são reconhecidas e aproveitadas. Como Arkad aponta: "Talvez a sorte realmente não nos ajude enquanto não reconhecermos sua generosidade".

> **UMA IDEIA PARA VOCÊ...**
>
> Registre todos os eventos ou circunstâncias que você considerou que teve sorte e não teve sorte nos últimos dois meses. Em retrospectiva, você pode remontá-los a algo que você fez ou deu início? Será que a boa sorte não foi, na verdade, bom planejamento e reconhecimento de oportunidade? O contrário disso também não é verdade?

33. NÃO PROTELE: O ADIAMENTO DESTRÓI AS OPORTUNIDADES

A respeito do assunto de oportunidades perdidas por procrastinação, um dos alunos de Arkad lamenta: "Nós, mortais, somos sujeitos a mudanças. Infelizmente, devo dizer que somos mais propensos a mudar de ideia quando temos razão do que quando não temos. Quando não temos razão, somos teimosos. Quando temos razão, tendemos a vacilar e deixar a oportunidade escapar".

> **IDEIA DETERMINANTE...**
>
> A procrastinação é o assassino natural da oportunidade.
>
> — Victor Kiam, empresário e empreendedor norte-americano

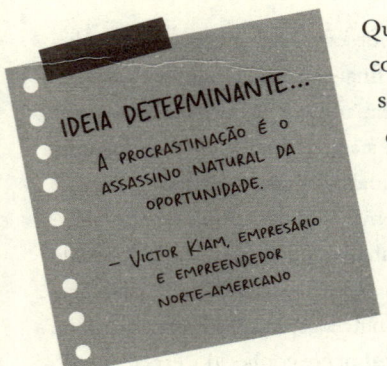

Quando Sergey Brin e Larry Page, fundadores da Google, não conseguiram fazer com que os principais portais da época se interessassem pela empresa que eles haviam criado, eles decidiram se virar sozinhos. No entanto, os dois precisavam de dinheiro. Assim, formularam um plano de negócios e foram procurar um investidor-anjo. Por ironia do destino, o primeiro que foram visitar foi Andy Bechtolsheim, um dos fundadores da Sun Microsystems. No entanto, ele estava com pressa. Após uma demonstração inicial, realizada numa varanda em Palo Alto, Bechtolsheim reconheceu a oportunidade extraordinária oferecida pela Google. Mas, como estava com pressa, ele sugeriu: "Em vez de discutirmos todos os detalhes, por que eu simplesmente não assino um cheque para vocês?". Em seguida, entregou um cheque de 100 mil dólares em favor da Google Inc. Evidentemente, Bechtolsheim não sofria de procrastinação. Seu reconhecimento presciente e perspicaz da oportunidade, sobretudo na área de tecnologia, o tornou um dos investidores-anjos mais bem-sucedidos de todos os tempos.

Quanto a Sergey Brin e Larry Page, eles foram pegos de surpresa com essa resposta tão rápida. Apesar de aceitarem alegremente o cheque, este ficou numa gaveta durante duas semanas, enquanto os dois constituíam a empresa e abriam uma conta bancária na qual pudessem depositá-lo. O resto, como eles dizem, é história.

Todos os livros de sucessos empresariais estão repletos de histórias que expõem as virtudes de aproveitar as oportunidades, em contraste com a procrastinação. No entanto, descobrir qual evento é uma oportunidade real e qual deve ser deixado de lado não é sempre tão fácil quanto parece. E ainda menos fácil de encontrar são exemplos de como a procrastinação realmente salvou uma fortuna ou o aproveitamento de uma aparente oportunidade levou ao desastre.

É um dilema que ainda enfrento. Por exemplo: apareceu-me a oportunidade de comprar ingressos para a Bledisloe Cup, em Sydney, em 2008 (um jogo de rúgbi entre as seleções da Austrália e da Nova Zelândia). Eu estava indo para lá para uma visita, e, então, decidi me arriscar e comprei os ingressos, ainda que fossem caros. Na realidade, minha falta de procrastinação resultou no pagamento de muito mais dinheiro pelos ingressos do que precisava ter feito. Evidentemente, fiquei aborrecida por dias. Na verdade, não é uma decisão de vida ou morte; mas descobrir quando uma oportunidade é realmente uma oportunidade nem sempre é tão fácil quanto os livros de autoajuda querem nos fazer crer.

Não obstante, Arkad adverte: "Quando damos ouvidos a ela [procrastinação], nós nos tornamos nossos piores inimigos". A fábula nos faz lembrar: "A oportunidade não espera por ninguém. Hoje ela está aqui; em seguida, já se foi. Portanto, não procrastine!".

> **Uma ideia para você...**
>
> A procrastinação pode ser uma relutância instintiva em se envolver, ou pode ser medo. Como você distingue uma oportunidade de um possível desastre? Bem, não se envolva em coisas que você não entende. Faça sua investigação, verifique os detalhes, avalie os riscos e confie em sua intuição. Funciona para Warren Buffett...

34. DEMONSTRE SEU VALOR

Em "As cinco leis de ouro", quinto capítulo de O homem mais rico da Babilônia, *Arkad reaparece. "Na Babilônia, é costume, como se sabe, que os filhos de pais ricos morem com seus pais, na expectativa de herdarem os bens". Arkad não aprovava esses costume. Em vez disso, enviou seu filho Nomasir para longe, para ele demonstrar sua capacidade.*

"Meu filho, é meu desejo que você herde todos os meus bens. No entanto, primeiro você deve provar que é capaz de cuidar deles adequadamente. Dessa maneira, quero que você saia pelo mundo e mostre sua capacidade tanto de ganhar dinheiro, como de se tornar um homem respeitado."

Talvez as dúvidas tenham surgido depois do vídeo de sexo na internet, ou quem sabe foram as festas sem fim ou os 22 dias na prisão com promessas de começar a se comportar melhor — que nunca se materializaram — que estimularam Barron Hilton a repensar a divisão de seus bens. Certamente, parece haver poucas evidências de que sua neta, Paris, tenha algum respeito ou saiba cuidar de maneira inteligente do "ouro" da família. Apesar de a especulação de que Barron Hilton ficou indiferente ao comportamento dela nunca ter se confirmado, em dezembro de 2007, ele anunciou que colocaria a maior parte de sua fortuna de 1,15 bilhão de libras esterlinas na Fundação Conrad N. Hilton. Foi uma decisão que reduziu a herança potencial de Paris Hilton de previstos 50 milhões de libras esterlinas para 2,5 milhões de libras esterlinas, que ela mesma terá de administrar.

Em janeiro de 2008, Nigella Lawson foi "queimada" na mídia britânica, quando comentários feitos por ela foram

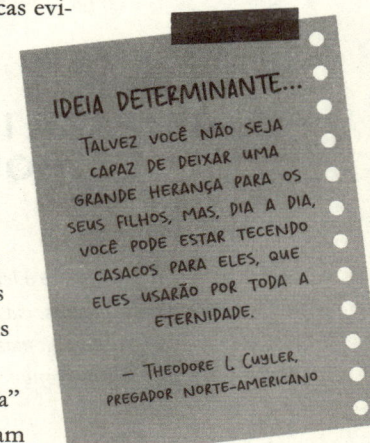

> **IDEIA DETERMINANTE...**
>
> Talvez você não seja capaz de deixar uma grande herança para os seus filhos, mas, dia a dia, você pode estar tecendo casacos para eles, que eles usarão por toda a eternidade.
>
> — THEODORE L. CUYLER, PREGADOR NORTE-AMERICANO

tirados do contexto. Como resultado, Nigella foi acusada de querer deserdar seus filhos de sua fortuna, estimada em 15 milhões de libras esterlinas. Quando a jornalista da revista *My Weekly* perguntou a respeito do que a chef esperava que os filhos aprendessem com ela, Nigella respondeu: "Saber que estou trabalhando e que você tem de trabalhar para ganhar dinheiro. Estou convencida de que meus filhos não devem ter segurança financeira. Não ter de ganhar dinheiro estraga as pessoas". E, segundo as anedotas e alguns fatos históricos, ela está coberta de razão. Sua crença de que todos — independentemente de quão ricos sejam os pais — devem aprender as virtudes do trabalho para ganhar dinheiro é válida. E isso é repetido sistematicamente no pequeno livro de Clason.

Felizmente para Nomasir, seu pai lhe deu bons conselhos e uma bolsa de moedas de ouro, e, após algumas lições amargas, ele retornou triunfante dez anos depois. Em sua fábula, Clason observa que, se você perguntar para a maioria das pessoas se elas preferem ouro ou sabedoria, elas vão querer o ouro. "Ocorre o mesmo com os filhos dos homens ricos. Dê-lhes a opção entre ouro e sabedoria: o que eles escolhem? Ignoram a sabedoria e desperdiçam o ouro. E depois lamentam-se de que não têm mais ouro." Novamente: "O ouro está reservado para aqueles que conhecem suas leis e as obedecem".

UMA IDEIA PARA VOCÊ...

Se você ganhou dinheiro por meio de seu trabalho duro e criatividade, então deverá aproveitá-lo. Em vez de mimar seus filhos com benesses, estimule-os a conseguir um emprego aos sábados ou uma entrega de jornais. Ou, no mínimo, faça com que a mesada deles seja uma recompensa por afazeres domésticos. Quanto antes eles aprenderem que o dinheiro não cresce nas árvores, melhor para ambas as partes.

35. FAÇA INVESTIMENTOS COM HOMENS SÁBIOS

Embora as cinco leis de ouro descritas no capítulo homônimo sejam repetidas em outros lugares, elas continuam sendo bons conselhos. Depois de perder dinheiro com patifes, Nomasir "reconheceu a oportunidade de aplicar a terceira lei e investir minhas economias sob a orientação de um homem sábio".

A Ideia 22 nos lembra de quão ingênuas algumas pessoas podem ser. No entanto, o que dizer quando você faz investimentos com homens supostamente sábios?

Não há dúvida de que as pessoas que investiam no Société Générale, segundo maior banco francês, eram estimuladas por sua longa história e sólido histórico. Elas supunham que homens sábios cuidavam de seus investimentos. Assim, a surpresa deve ter sido grande quando se divulgou, em janeiro de 2008, que Jérôme Kerviel, operador do Société Générale, perdera sozinho 3,7 bilhões de libras esterlinas.

Kerviel, de 31 anos, era um operador júnior, ganhando um salário relativamente modesto de 70 mil euros por ano. Em 2000, ele ingressou no Société Générale como escriturário, processando e registrando as transações no pregão. Abriu seu caminho até um cargo na mesa de mercado de futuros, onde cuidava de fazer hedges da posição do banco nos mercados de capitais europeus. Basicamente, isso significava que ele devia equilibrar o risco do banco, de modo que, se uma posição caísse e o banco perdesse dinheiro, ele teria outras posições que subiriam para cobrir o déficit. No entanto, Kerviel apostava em uma só direção.

Durante um ano, Kerviel apostara mais do que toda a capitalização de mercado do banco em relação às movimentações do mercado acionário europeu. Ele obtivera um conhecimento completo dos sistemas de controle de segurança do banco e, acima de tudo, de como contorná-los. Inicialmente, ele foi muito bem-sucedido, mas isso não durou muito.

O mercado despencou depois do anúncio de um pacote de corte de impostos de 150 bilhões de dólares, para aquecer a economia norte-americana. Já nervosos por causa de uma recessão iminente provocada pela crise financeira do subprime norte-americano, os mercados caíram em todo o mundo e o índice FTSE 100 caiu 5,5 por cento, na maior queda diária desde 11 de setembro de 2001. As posições de Kerviel pioraram com a deterioração do mercado, convertendo uma perda potencial de 1,1 bilhão de libras esterlinas numa ainda mais colossal, de 3,7 bilhões.

Na mídia, como seria de se esperar, foram traçados paralelos entre Kerviel e Nick Leeson — o "operador velhaco", responsável pelo colapso do Barings Bank, em 1995. Ele foi vilipendiado por sua perda de 860 milhões de libras esterlinas e passou seis anos e meio numa prisão de Cingapura. Nem ele, nem Kerviel lucraram pessoalmente com suas transações. Apesar das garantias de que esse tipo de coisa não voltaria a acontecer, aconteceu — e diversos "homens sábios" acabaram parecendo tudo menos isso.

Dá a impressão de que fazer investimentos com esses homens sábios pode, às vezes, ser mais difícil do que parece. Como Nomasir nos lembra: "Sem sabedoria, o ouro é rapidamente perdido".

> **IDEIA DETERMINANTE...**
>
> A sabedoria é como a eletricidade. Não há homem permanentemente sábio, mas, sim, homens suscetíveis de sabedoria, que, estando em certa companhia, ou em outras condições favoráveis, tornam-se sábios por pouco tempo, como vidros friccionados adquirem força elétrica por algum tempo.
>
> — Ralph Waldo Emerson, escritor e filósofo norte-americano

> **UMA IDEIA PARA VOCÊ...**
>
> Se você estiver investindo na bolsa de valores, lembre-se que mesmo as ações *blue chips* poderão trazer prejuízos. É melhor diversificar os investimentos, de modo a reduzir o risco. Também pense a longo prazo: a perda com papéis só será uma perda real se você vender as ações.

36. ESCOLHA AGIR EM DETRIMENTO DO REMORSO

"Nossos gestos insensatos nos perseguem para nos castigar e nos atormentar. Infelizmente, não podem ser esquecidos. Na linha de frente dos dissabores que nos perseguem estão as recordações das coisas que deveríamos ter feito, das oportunidades que tivemos e não aproveitamos."

Embora "nossos gestos sensatos nos acompanhem através da vida para nos dar prazer e nos ajudar", são as nossas mancadas que parecem mais nos assombrar.

Fale sobre a Segunda-Feira Negra, e os corretores mais experientes do mercado acionário ficarão pálidos. Numa segunda-feira, 19 de outubro de 1987, as bolsas de valores de todo o mundo despencaram. Começou em Hong Kong, passou pela Europa e terminou nos Estados Unidos, onde 500 bilhões de dólares evaporaram do índice Dow Jones Industrial Average. No Reino Unido, o índice FTSE perdeu 63 bilhões de libras esterlinas em valor. O resto do mundo não se saiu melhor; na maioria dos casos, se saiu pior. Existiram muitas teorias a respeito da motivação do colapso, mas todas concordaram que a psicologia do mercado desempenhara um papel muito importante. As pessoas simplesmente entraram em pânico.

> **IDEIA DETERMINANTE...**
>
> Só deixe para amanhã aquilo que você está disposto a morrer por ter deixado por fazer.
>
> — Pablo Picasso, pintor espanhol

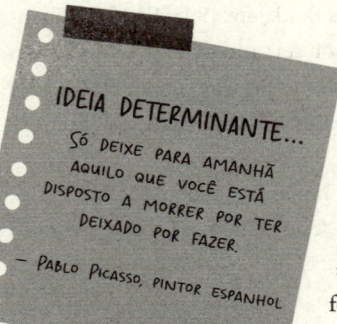

Todas as pessoas, exceto os operadores de mercado experientes e versados. Eles identificaram a constante oportunidade inerente do mercado acionário e se aproveitaram do medo, da cobiça e do comportamento irracional das massas. Sabiam que, na realidade, nada negativo tinha acontecido com as empresas — a maioria delas estava tão forte quanto antes, e se recuperaria —, e, assim, compraram rapidamente ações subvalorizadas, com preços bastante baixos. Quase exatamente a mesma coisa aconteceu depois do colapso do mercado em 11 de setembro.

Na Grã-Bretanha, por diversas noites da semana, um retrato mais íntimo de remorso e oportunidade perdida pode ser visto no programa de tevê *Deal or No Deal* (*Topa ou não topa*, no Brasil). O participante do programa escolhe uma das 22 caixas lacradas idênticas contendo prêmios em dinheiro, variando, em valor, de um único pence até 250 mil libras esterlinas. Depois, o participante escolhe as caixas a remover do jogo e, depois de cada rodada, deve decidir se continua jogando ou aceita a oferta do banqueiro. O interessante é que o participante que aceita uma oferta de 20 mil libras esterlinas, mas que, em seguida, descobre que havia uma soma maior de dinheiro em sua caixa, geralmente parece mais atormentado que o participante que acaba com um pence. Talvez seja o conhecimento de que ele teve uma oportunidade ao seu alcance e não conseguiu aproveitá-la.

Isso confirma o argumento de Clason. Nosso maior arrependimento não se dá em função das coisas que fazemos, mas, sim, das que não fazemos. É o remorso pelas oportunidades perdidas que nos desperta num estado de ansiedade dez anos depois. São os momentos que podem nos deixar amargos devido à decepção, momentos de fraqueza onde o medo se apossa do melhor de nós e nos acovardamos. Há, é claro, momentos em que nos arriscamos cegamente, e a iniciativa não funciona, mas o simples ato de tentar parece mitigar o insucesso. É a inação que machuca a alma.

> ## Uma ideia para você...
>
> Anote seu maior arrependimento num papel. Em seguida, em um lado, escreva as coisas positivas resultantes da experiência, e, no outro lado, as coisas negativas. Ao consolidar a experiência, você será capaz não só de evocar o tormento para impulsioná-lo à frente, mas também de perceber que existiam aspectos positivos nele.

37. RIQUEZAS DA INTERNET

Mathon é o emprestador de dinheiro da Babilônia. Ao receber um visitante, ele dá um sorriso amável como cumprimento. "Que imprudências você cometeu que o fizeram procurar o emprestador de dinheiro? Não teve sorte na mesa de jogo? Ou alguma dama roliça o enredou?"

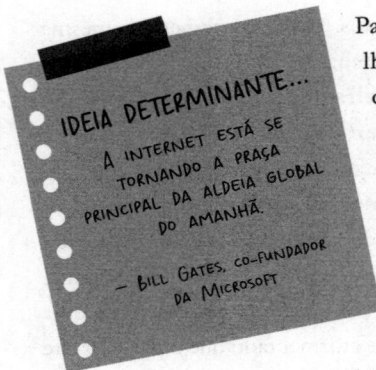

> **IDEIA DETERMINANTE...**
> A INTERNET ESTÁ SE TORNANDO A PRAÇA PRINCIPAL DA ALDEIA GLOBAL DO AMANHÃ.
>
> — BILL GATES, CO-FUNDADOR DA MICROSOFT

Parece que os homens se metem em apuros de forma semelhante ao longo de milhares de anos. Talvez não seja uma coincidência, então, o fato de que, ao considerarmos os tempos modernos, descobrirmos que os setores mais lucrativos da internet, e por larga margem, são jogos de azar e pornografia...

Nos últimos anos, a ascensão meteórica do pôquer on-line assegurou que a única e consistente "full house" (uma trinca e um par, no pôquer, que também significa "casa cheia", em tradução literal) esteja nos Gamblers Anonymous (Jogadores Anônimos). Milhões de pessoas estão grudadas em seus monitores de tela plana nas primeiras horas da manhã, jogando Texas Hold'em com seus amigos recentes de Vladivostok, Nova York ou Hong Kong.

Atualmente, embora não seja considerado tão *sexy* quanto jogos como pôquer, o bingo também está entrincheirado firmemente na cena dos jogos de azar on-line. Com origem em 1530, quando a Itália lançou uma loteria que constituiu a base do jogo que conhecemos hoje, o bingo realmente atingiu a maioridade no Reino Unido depois do Gaming Act (Lei de Jogos de Azar), de 1968. A maior cobertura de banda larga e a lei nacional antifumo, proibindo os jogadores de fumar enquanto preenchiam os cartões, resultou na migração de cada vez mais pessoas dos salões de bingo para a experiência on-line.

A visão de um jogador calejado, sentado sozinho num cassino, sempre deu a impressão de desespero, mas esse estigma não se aplica mais depois que a internet proporcionou acesso fácil e relativamente anônimo ao jogo de azar, na privacidade de sua própria casa. Não é uma boa notícia para muitas pessoas, e está mudando o grupo demográfico do jogo de azar, com uma quantidade crescente de mulheres se envolvendo.

As consequências podem ser extremas. Em 2007, um diretor de escola britânico se suicidou depois de perder sua casa de 250 mil libras esterlinas e acumular dívidas de 100 mil libras esterlinas resultantes de jogos de azar na internet. Em Exeter, uma mulher foi enviada à prisão depois de roubar 26 mil libras esterlinas, em quatro semanas, de seu empregador, para alimentar seu vício de pôquer on-line e apostas pela internet.

(Quanto às "damas roliças", sei que também existem sites dedicados a elas!)

Não levando em consideração o vulgar, o sórdido e o absurdo por um segundo, a internet não é menos que uma revolução. As oportunidades oferecidas por ela para se ganhar dinheiro e se ligar aos mercados globais são fenomenais. É difícil de acreditar que a primeira página da Web foi criada ainda em 1990, embora seu desenvolvimento tenha crescido exponencialmente na última década. Atualmente, ela é tão brilhante quanto desprezível; como as outras coisas da vida, a internet também tem dois lados, e permite que o melhor do ser humano floresça, mas também o pior. Simultaneamente, oferece um acesso sem precedentes a oportunidades, e também à destruição sem limites — e é você quem escolhe qual caminho seguir.

> **UMA IDEIA PARA VOCÊ...**
>
> Se você estiver no mercado, você deverá ter um site da internet. Examine softwares livres, tais como DotNetNuke e Joomla, que oferecem modelos grátis ou de baixo custo para a criação de um site profissional. São de fácil manejo, e as ferramentas lhe dão acesso e controle completo. E, assim, você não precisa pagar a um webmaster para corrigir um erro de digitação.

38. NUNCA EMPRESTE DINHEIRO PARA AMIGOS E FAMILIARES

Em "O emprestador de dinheiro da Babilônia", sexto capítulo de O homem mais rico da Babilônia, *Clason recorda a história de Rodan. Ele recebeu cinquenta moedas de ouro do rei e lamenta: "A todo momento sou importunado por aqueles que querem compartilhar essa riqueza comigo".*

Rodan, fabricante de lanças, é logo assediado por pedidos visando seu dinheiro. Desesperado, ele procura o conselho sábio de Mathon, o emprestador de dinheiro da Babilônia. Depois de ouvir as preocupações de Rodan, Mathon diz: "É natural. Os homens sempre querem mais ouro do que têm, e gostariam que aquele que o ganha com facilidade dividisse com eles".

Muitos ganhadores de prêmios de loteria sentiram na pele esse fenômeno, quando familiares, amigos (sumidos há tempos e assemelhados), estranhos e boas causas se alinham em fila por uma fatia do bolo. Aparentemente, a primeira coisa que a maioria dos ganhadores precisa é de um número de telefone confidencial. Em relação a Rodan, ele está angustiado porque sua querida irmã quer que ele ajude a transformar o marido dela num comerciante. No entanto, o homem não tem nenhuma experiência como comerciante.

Emprestar dinheiro para familiares e amigos é algo repleto de perigos. Raramente há um final feliz, a menos que uma investigação adequada ocorra com antecedência e o

> **IDEIA DETERMINANTE...**
>
> A experiência me ensinou algumas coisas. A primeira é escutar sua intuição, independentemente de quão vantajoso algo pareça no papel. A segunda, é que você, em geral, se dá melhor se dedicando àquilo que você conhece. E a terceira é que, às vezes, seus melhores investimentos são aqueles que você não faz.
>
> — Donald Trump, empresário norte-americano

investimento enfrente uma análise completa. Sem essa análise, as expectativas não satisfeitas podem gerar problemas: se o negócio for bem, então poderão ocorrer discussões a respeito da alocação dos lucros; se for mal, então com certeza haverão recriminações. A única maneira de navegar com sucesso por essas águas tradicionalmente agitadas é mediante a devida e extrema diligência e a comunicação aberta e honesta.

Você nunca deve investir em algo sem a verificação detalhada dos fatos e dos números. Você tem de verificar se as pessoas envolvidas possuem a experiência e a capacidade de fazer o que elas dizem que farão, e isso se aplica em dobro em relação a amigos e familiares. Não deixe que a lealdade ou a ligação emocional deixe turvo seu juízo ou bom senso.

Você tem de ter uma discussão aberta e honesta, que envolve detalhes do que acontecerá no pior cenário possível, e também no melhor. Como você terá seu dinheiro de volta se as circunstâncias mudarem? O que acontecerá se eles perderem tudo? Você deve ter um contrato legal, que cobre expectativas de reembolso e dividendos, e uma estratégia de saída. Esses tipos de investimentos apresentam maior risco, pois envolve emoção, e, no processo, você corre o risco de prejudicar os relacionamentos de maneira permanente.

Mathon faz Rodan lembrar: "O ouro traz ao seu detentor responsabilidade e uma mudança de atitude com seus companheiros. Traz o medo de perdê-lo ou de ser enganado. Traz uma sensação de poder e a capacidade de praticar o bem. Também oferece oportunidades pelas quais suas melhores intenções podem lhe trazer dificuldades".

Uma ideia para você...

Não invista com amigos e familiares, a menos que você tenha analisado em detalhes a oportunidade e discutido todos os resultados possíveis, incluindo a perda de seu dinheiro. O investimento precisa ser viável e sensato; caso contrário, não se envolva, independentemente de quem esteja pedindo.

39. DÍVIDA BOA VERSUS DÍVIDA RUIM

Mathon oferece um conselho a Rodan a respeito de quem tem mais probabilidade de saldar as dívidas: "Se pedem emprestado para fins que lhes tragam de volta o dinheiro, empreste. Mas, se pedem emprestado por causa de suas imprudências, previno-lhe para ser cauteloso, pois você talvez não recupere seu dinheiro".

Nos tempos modernos, essa ideia se manifesta como dívida boa e dívida ruim. Basicamente, dívida boa é qualquer coisa que está trazendo dinheiro para você; algo como um imóvel para investimento seria classificado como dívida boa. A ideia é simples: compre um imóvel, alugue-o e o dinheiro do aluguel salda sua hipoteca e proporciona uma renda residual. Você acaba com um ativo valioso e alguém pagou sua hipoteca.

> **IDEIA DETERMINANTE...**
> Atualmente, há três tipos de pessoas: os ricos, os pobres e os que não pagaram pelo que têm.
> — Earl Wilson, político norte-americano

Essa ideia gerou o *boom* do comprar imóveis para alugar. Durante muitos anos, poucas pessoas tiveram aspirações imobiliárias além da casa própria. No entanto, para alguns investidores perspicazes, os imóveis representavam uma grande oportunidade. Então, o restante da população começou a gostar e o termo "comprar para alugar" foi cunhado.

Contudo, as coisas podem dar errado, sobretudo se você paga muito pelo imóvel. Em junho de 2008, Bradford and Bingley, um dos maiores financiadores britânicos de compra de imóveis para locação, divulgou um prejuízo de 8 milhões de libras esterlinas entre janeiro e abril, em comparação com um lucro de 108 milhões de libras esterlinas no mesmos três meses, em 2007. A contração global de crédito, elevando a inflação e deprimindo a confiança do consumidor, destruiu, ao menos por um tempo, o mercado de compra de imóveis para locação. Todavia, o investimento em imóveis é uma estratégia de longo prazo, sendo ainda classificada como dívida boa.

A dívida ruim, por outro lado, é qualquer coisa que não está trazendo dinheiro para você. Isso significa que cartões de crédito, cartões de loja e empréstimos não garantidos são todos dívidas ruins.

O crédito é parte fundamental da economia. Como Mathon afirma: "Os bons comerciantes são uma vantagem para a nossa cidade, e o meu lucro os ajuda a manter os negócios que tornam a Babilônia tão próspera".

Um dos problemas mais comuns enfrentados pelas empresas é o acesso a recursos para criação ou expansão dos negócios. Uma nova empresa não terá o histórico ou os ativos necessários para oferecer aos bancos como garantia, e mesmo se a empresa já tem algum tempo, as regras dos empréstimos podem ser difíceis de negociar. Essa incapacidade de acesso ao dinheiro pode gerar empresas "autossuficientes", que utilizam cartões de crédito pessoais como fonte de financiamento. Ainda que tentador, isso nunca é sensato e ainda constitui uma dívida ruim.

Mathon adverte para o fato de que a dívida ruim o mergulhará num "poço profundo, no qual se pode cair muito depressa e se pode lutar em vão... É um poço de angústia e lamentos, onde a luz do sol não chega e a noite é triste por causa do sono agitado".

> **UMA IDEIA PARA VOCÊ...**
>
> Sempre escuta "Pode me emprestar algum dinheiro?" de seus filhos? Bem, garanta que eles paguem de volta. Se você se sente um pão-duro, deposite algum dinheiro nas contas bancárias deles, mas assegure-se de que haverá reembolso e, se necessário, adicione juros. Quanto antes seus filhos entenderem que "obter emprestado" significa "obter emprestado", melhor. E não empreste mais nada até a dívida ser saldada...

40. REDUZA SEUS RISCOS

Ao aconselhar Rodan a respeito do investimento com a irmã, Mathon afirma: "Se quiser emprestar para ganhar mais dinheiro, empreste com cautela e para muitos clientes. Não gosto de dinheiro parado, mas gosto menos ainda de correr muitos riscos".

Quando se trata de investir, as duas principais opções são imóveis e ações. Em geral, os entusiastas das bolsas de valores gostam da acessibilidade, da liquidez e da velocidade disponíveis do mercado acionário. Eles gostam do fato de que podem vender sempre que quiserem, e sempre há compradores e vendedores no mercado. São capazes de negociar 24 horas por dia, e não precisam lidar com inquilinos nervosos, o que poderia acontecer, caso estivessem envolvidos com imóveis. Se eles têm conhecimento do que estão fazendo, podem utilizar instrumentos financeiros complexos, como opções para proteger os investimentos.

Os entusiastas dos imóveis, por outro lado, não se importam com telhados com vazamentos e aquecedores quebrados, e se sentem confortados pelos "tijolos e cimento". Gostam do fato de que o imóvel é tangível, e que, por meio de um pequeno adiantamento, podem controlar um ativo valioso e utilizar o ativo para alavancar sua posição e comprar mais imóveis. Gostam de embelezar o imóvel e ver o ativo se valorizar, enquanto alguém, em princípio, paga a hipoteca.

> **IDEIA DETERMINANTE...**
>
> Diversifique os investimentos.
>
> — John Templeton, investidor em ações

Diversos instrumentos modernos de investimento, tais como fundos de investimento e fundos mútuos, utilizam a diversificação a fim de reduzir o risco. Existem até fundos imobiliários que permitem que você se beneficie de seu próprio imóvel, incluindo imóveis comerciais, sem envolver sua participação ativa.

Os dois mercados — imobiliário e acionário — são vinculados e, frequentemente, um deles prospera à custa do outro nos ciclos de rápido crescimento e súbito colapso. Os dois oferecem excelente potencial de retorno e gestão de riscos, sobretudo na perspectiva de longo prazo.

Como muitas dessas coisas, o problema com a diversificação e a avaliação de risco reside na execução. Como você pode avaliar o risco com segurança, principalmente quando os métodos aceitos de se fazer isso demonstraram ser imperfeitos? O sdesenlace da classificação de risco AAA provocou parte do furor financeiro de 2007/2008. No passado, a avaliação de riscos recaía sobre agências como Standard & Poor, Moody's e Fitch, e uma classificação de risco AAA significava que o investimento era sólido. Classificações de risco triplo A tornavam a venda daquele investimento muito fácil, pois as pessoas assumiam que estavam comprando um investimento de risco baixo e retorno moderado. Infelizmente, não estavam. O elemento AAA foi misturado com investimentos de alto risco, diluindo seu valor apesar de ainda ostentar uma classificação AAA. Era um pouco como comprar um anel de ouro maciço e observar como seu dedo ficava verde.

Mathon faz um alerta sobre a concentração de riscos, acrescentando: "Não emprestarei mais nem um centavo se não tiver certeza de que o dinheiro estará em boas mãos e de que ele voltará para mim".

> **UMA IDEIA PARA VOCÊ...**
>
> INVISTA EM ALGO QUE VOCÊ CONHECE. SE VOCÊ FOR INVESTIR EM IMÓVEIS, ENTÃO INVISTA LOCALMENTE, ONDE VOCÊ CONHECE O MERCADO. SE VOCÊ FOR INVESTIR EM AÇÕES, ENTÃO INVISTA EM EMPRESAS E SETORES QUE VOCÊ TEM EXPERIÊNCIA. VOCÊ TEM UMA MAIOR PROBABILIDADE DE CONHECER AS POSSÍVEIS DIFICULDADES E REALIZAR MELHORES INVESTIMENTOS.

41. TOME CUIDADO COM ALGO FLAMEJANTE

"Não se deixe levar pelos planos fantásticos de homens carentes de espírito prático, que acham que têm maneiras de fazer o dinheiro alcançar ganhos extraordinariamente altos. Esses planos são criações de sonhadores, homens que não têm conhecimento sobre as leis seguras e confiáveis do comércio." Mais uma vez, Clason faz um alerta sobre a cobiça.

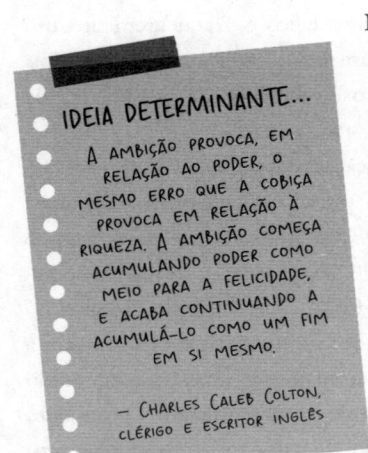

> **IDEIA DETERMINANTE...**
>
> A ambição provoca, em relação ao poder, o mesmo erro que a cobiça provoca em relação à riqueza. A ambição começa acumulando poder como meio para a felicidade, e acaba continuando a acumulá-lo como um fim em si mesmo.
>
> — Charles Caleb Colton, clérigo e escritor inglês

No início de 2008, num mercado já frágil, o Credit Suisse provocou comoção quando declarou que teria de dar baixa de 1,5 bilhões de libras esterlinas a mais do que o esperado devido a "erros de precificação". Quando apareceu a notícia de que aquilo era, na realidade, "má conduta intencional" de alguns operadores desonestos, o Credit Suisse deve ter experienciado uma sensação incômoda de *déjà vu*.

Quando se trata de "planos fantásticos de homens carentes de espírito prático", o Credit Suisse tem tido sua cota justa. Em 1999, demitiu três operadores por manipulação de mercado, na busca de ganhos "extraordinariamente altos". Talvez um indício de ruína iminente pudesse ter sido captado pelo fato de que o trio se autodenominava Flaming Ferraris (Ferraris Flamejantes), em homenagem ao coquetel favorito deles após o expediente.

Muitas vezes, esses e outros inúmeros escândalos são convenientemente atribuídos a operadores desonestos. Mas eles são realmente tão surpreendentes? Ninguém reclamou quando Nick Leeson, o operador desonesto original, ganhava milhões para o Barings Bank. Ele não podia estar fazendo nada de errado e ninguém questionou se os seus lucros relatados eram possíveis. Ou o que dizer acerca de Jérôme Kerviel, do Société Géneral? Como alguém pode perder 3,7 bilhões de libras esterlinas sem que perguntas sejam feitas?

Em março de 2008, a Financial Services Authority emitiu uma rara declaração para tranquilizar o mercado. O órgão suspeitava que uma pequena minoria de operadores estivesse difundindo boatos de modo proposital, para provocar vendas por pânico e forçar a queda dos preços de ações, para que eles lucrassem. O comportamento inescrupuloso fez a ação do Halifax Bank of Scotland (HBOS) sofrer uma queda de 17 por cento.

De acordo com Roger Steare, professor de ética organizacional da Cass Business School, em Londres, casos como esses acontecem por causa de "uma sistemática corrupção moral dentro do setor de serviços financeiros". Com bônus de seis ou sete dígitos disponíveis, é inevitável que alguém, em algum lugar, esteja indo longe demais. O sistema quase garante isso. Não há responsabilização pessoal. Basicamente, aqueles envolvidos estão arriscando o dinheiro de outras pessoas, sem nenhuma consequência pessoal quando eles se equivocam, e com recompensas de tirar o fôlego se conseguem ter êxito. Talvez a administração não queira fazer muitas perguntas quando estão sendo auferidos lucros, sobretudo lucros excessivos, quase impossíveis.

Até mesmo Mervyn King, presidente do Banco da Inglaterra, atacou os incentivos em excesso. Ele acrescentou que esperava que as instituições financeiras tivessem aprendido a lição, e aceitassem que agora era o momento de mudanças, depois do desastre financeiro de 2007/2008. Assim, esqueça os planos fantásticos; em vez disso, "seja conservador no que você espera ganhar, de modo que você possa manter e desfrutar o tesouro".

> **UMA IDEIA PARA VOCÊ...**
>
> Se você quiser especular com opções de alto risco, tenha uma estratégia. Reparta seus investimentos e proteja a maioria deles. Só faça investimentos de alto risco com dinheiro que você pode perder de modo confortável. Pegue os lucros (se existirem) regularmente, adicione metade em seu portfólio mais seguro e recomece. Não fique ganancioso.

42. LUCRO ALTO SIGNIFICA RISCO ALTO

> *"Empregar seu tesouro com a promessa de retornos usurários é um convite à perda. Procure se associar com homens e empreendimentos cujo sucesso está estabelecido, de modo que seu tesouro possa ganhar generosamente sob a tutela habilidosa deles e ser protegido com segurança pela sabedoria e experiência deles."*

Como observamos nas ideias anteriores, quando se trata de risco alto e lucro alto não há nenhum lugar como a bolsa de valores. Para investidores profissionais, que sabem realmente o que estão fazendo, o mercado acionário oferece uma alta taxa de retorno com risco mínimo, mas para qualquer outra pessoa pode ser perigoso.

O advento de seminários sobre investimentos em ações assegurou uma brigada ávida de aspirantes a milionários, que estão ingressando no mercado hipnotizados por promessas de riquezas incalculáveis. Lembro-me de ter acompanhado um desses seminários há muitos anos, no qual fiquei especialmente impressionado com a ideia do mercado de opções. Achei incrível que houvesse um lugar no mundo onde você podia vender algo que você não tinha e ganhar muito dinheiro fazendo isso. No seminário, o que não foi explicado foi a velocidade pela qual você também podia perder dinheiro usando opções...

Basicamente, uma opção é o direito, mas não a obrigação, de comprar ou vender ações a um preço específico, no futuro. Por exemplo, a ação da empresa XYZ vale 24 libras esterlinas, mas eu acredito que o preço vai subir. Posso adquirir uma opção de compra relativa à ação da XYZ, que expira no período de um mês, a um preço de exercício de 25 libras esterlinas, e pagar um

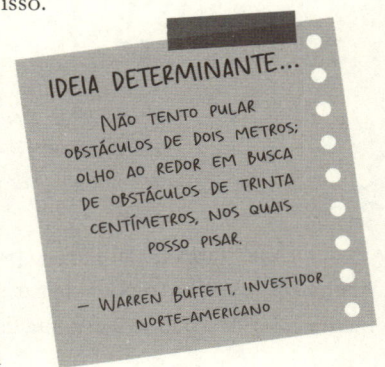

> **IDEIA DETERMINANTE...**
>
> Não tento pular obstáculos de dois metros; olho ao redor em busca de obstáculos de trinta centímetros, nos quais posso pisar.
>
> — Warren Buffett, investidor norte-americano

prêmio para o vendedor desse contrato pelo privilégio. Depois de um mês, verifico o mercado e, se o preço da ação subiu para, por exemplo, 26 libras esterlinas, então exerço minha opção de adquirir essas ações e embolso a diferença de 1 libra esterlina. O estranho é que a pessoa que me vendeu essa opção não precisava realmente ser dona dessas ações! Assim, quando exerço a opção e ganho minha 1 libra esterlina por ação, o vendedor daquele contrato perdeu 25 libras esterlinas por ação, pois ele tem de comprá-las no mercado aberto, a fim de cumprir o acordo. Isso pode não parecer muito doloroso, mas, quando você considera que cada contrato envolve um mínimo de mil ações, você começa a perceber como isso pode ser financeiramente letal.

Além do lucro potencial, as opções também permitem que você controle ações por uma fração do custo de realmente comprá-las. Desnecessário dizer que sua "promessa de retornos usurários" é um convite à perda numa velocidade notável. Como muitos investidores novatos descobriram às próprias custas, as opções podem dar muito errado e numa velocidade muito alta. Se você quiser investir em opções, faça como Arkad aconselha e "procure se associar com homens e empreendimentos cujo sucesso está estabelecido".

> **UMA IDEIA PARA VOCÊ...**
>
> VOCÊ PODE COMPRAR O DIREITO DE CONTROLAR AÇÕES DE MANEIRA MUITO MAIS BARATA DO QUE AÇÕES REAIS, POIS PODE UTILIZAR OPÇÕES PARA PROTEGER AS AÇÕES CONTRA UMA QUEDA DE VALOR, BASICAMENTE APOSTANDO CONTRA A SUA PRÓPRIA POSIÇÃO. SE AS AÇÕES CAÍREM, VOCÊ ACUMULA UM BÔNUS ATRAVÉS DA OPÇÃO, PARA COMPENSAR A PERDA.

43. VOCÊ ENXERGA O MUNDO COM QUE COR?

> *No oitavo capítulo de* O homem mais rico da Babilônia, *encontramos Dabasir, negociante de camelos. Ele está conversando com Tarkad, que deve dinheiro para ele e para outros homens, e está sem comer há dias. Dabasir pergunta: "Você acha que o mundo pode parecer a um homem de uma cor diferente daquela que tem?".*

Assim como Tarkad, Dabasir, no passado, também dava todo tipo de desculpas a respeito do motivo pelo qual não podia pagar suas dívidas. Ele também vira "o mundo através de uma pedra colorida e não se deu conta da degradação em que havia caído". Antes de se tornar um negociante de camelos bem-sucedido, Dabasir fugira de suas dívidas, saindo da Babilônia em busca de soluções fáceis, e acabou sendo vendido como escravo.

Não existe fórmula para o sucesso ou felicidade. Há exemplos de sucesso e fracasso a partir de todos os estilos de vida. Há aquelas pessoas que nasceram no meio do luxo e do privilégio, e que não fizeram nada diante das oportunidades que apareceram no caminho. Mas há outras pessoas, como Oprah Winfrey, que, embora nascida na pobreza, conquistou um setor dominado por homens brancos, e atualmente é considerada uma das mulheres mais influentes de todos os tempos. Ela também é bilionária. Há aqueles como W Mitchell, que sofreram acidentes ou experiências terríveis, e, no entanto, seguiram adiante — ele sofreu um acidente de motocicleta, que o deixou com queimaduras em mais de 65 por cento do corpo. Em seguida, após se recuperar daquela experiência terrível, ele se envolveu num acidente aéreo, que o deixou paralisado. Mitchell nos revela que "o que acontece para você não importa, mas, sim, o que você faz a respeito disso". E ele, sem dúvida, deve saber.

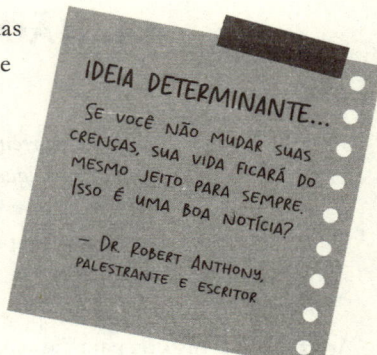

Em seu livro *The Science of Getting Rich* (*A ciência de ficar rico*), Wallace D. Wattles nos lembra do poder de nossas atitudes e crenças: "Como a crença é de grande importância, requer que você guarde seus pensamentos, e, como suas crenças serão moldadas em grande medida pelas coisas que você observa e pensa, é importante que você determine com cuidado para onde você dirige sua atenção. Se você quiser ficar rico, não deverá fazer um estudo da pobreza. As coisas não são criadas pensando-se a respeito de seus opostos".

Suas crenças restritivas a respeito do que é possível se tornarão seu carcereiro e corromperão a maneira pela qual você enxerga o mundo. Mudar sua vida para melhor é mais uma questão de atitude e determinação do que de talento, habilidade ou sorte. Começa com você acreditando que a mudança é realmente possível.

Dabasir conta sua própria história para Tarkad, e de como ele promoveu uma reviravolta em sua vida: "Os olhos do jovem se umedeceram. Ele se ergueu resolutamente. 'Você me revelou uma visão. Já sinto a alma de um homem livre vibrar em mim'".

> **IDEIA DETERMINANTE...**
>
> Se você não mudar suas crenças, sua vida ficará do mesmo jeito para sempre. Isso é uma boa notícia?
>
> — Dr. Robert Anthony, palestrante e escritor

> **UMA IDEIA PARA VOCÊ...**
>
> Escreva "As pessoas ricas são..." num papel e acrescente a primeira coisa que vem à sua mente. Leia a frase em voz alta e continue acrescentando as palavras ou frases que lhe ocorrem. Em outro papel, repita para "As pessoas pobres são...". Isso deve iluminar algumas de suas crenças a respeito de dinheiro. Elas lhe ajudam na criação da riqueza?

44. NÃO FUJA DAS DÍVIDAS

Dabasir é repreendido por sua companheira: "Se você deixar que os anos passem sem fazer qualquer esforço para saldar suas dívidas, então você tem a alma desprezível de um escravo. O homem que não respeita a si mesmo também tem essa alma, e nenhum homem pode respeitar a si mesmo se não salda honestamente suas dívidas".

Ao contar sua história para Tarkad, Dabasir revelou: "Jovem e sem experiência, não sabia que aquele que gasta mais do que ganha está semeando os ventos da satisfação de desejos supérfluos, dos quais, com certeza, colherá turbilhões de problemas e humilhações. Assim, cedi aos meus caprichos por roupas finas, e comprei coisas supérfluas para minha boa mulher e para nosso lar, muito além de nossas posses".

De acordo com as estatísticas do governo britânico, cerca de 25.264 pessoas na Inglaterra e no País de Gales vivem além de suas posses, enquanto escrevo este livro. No primeiro trimestre de 2008, essas pessoas se declararam insolventes. Para algumas, a falência é a única solução; para muitas outras, é a solução fácil depois de anos de dívidas, sem "qualquer esforço para saldá-las".

A grande maioria dessas falências resultou de empréstimos pessoais, saldos de cartões de crédito descontrolados e de estilos de vida além das posses. No entanto, a falência não deve ser considerada como último recurso, nem como carta de alforria. E a situação deve piorar com a introdução do Debt Relief Orders (Pedidos de Redução de Dívida), que permitirá que os devedores de baixa renda se declarem insolventes on-line, sem precisarem comparecer a uma vara de falências, nem lidar com discussões e custos habituais associados à falência.

Não se iluda. A falência afetará negativamente sua capacidade de obter recursos financeiros no futuro, e também existem diversas opções de carreira profissional das quais você será excluído. De maneira inacreditável, você ainda poderá gerenciar o dinheiro de outras pessoas no setor de serviços financeiros ou se tornar membro do Parlamento. No Reino Unido, sem dúvida, uma melhor solução em termos de estigma e respeito próprio é o Individual Voluntary Agreement (Acordo Individual Voluntário). É mais flexível, permitindo que o devedor amortize parte da dívida e negocie com o credor a quitação do restante ao longo de um determinado período de tempo.

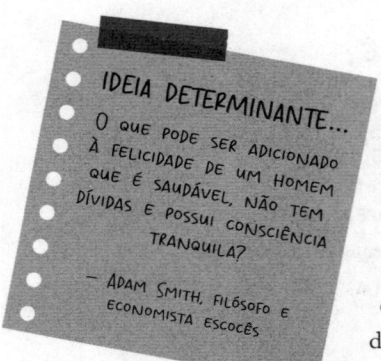

No entanto, nem todas as falências são iguais. Diversos empreendedores conhecidos, incluindo H. J. Heinz, Walt Disney e Milton Hershey (do império de chocolates), atravessaram falências antes de ganharem suas fortunas. Sem dúvida, há mais nobreza quando uma pessoa se mete em apuros financeiros assumindo riscos calculados e aplicando 100 por cento em um empreendimento comercial do que comprando outro par de sapatos e jantando fora sete noites por semana numa "satisfação de desejos supérfluos".

> **IDEIA DETERMINANTE...**
> O que pode ser adicionado à felicidade de um homem que é saudável, não tem dívidas e possui consciência tranquila?
> — Adam Smith, filósofo e economista escocês

Dabasir compreendeu que não eliminaria suas dívidas fugindo delas e destruindo sua integridade e respeito próprio. Ele voltou para a Babilônia, pagou tudo o que devia e se tornou um negociante de camelos.

> **UMA IDEIA PARA VOCÊ...**
>
> SE VOCÊ ESTIVER ENFRENTANDO DIFICULDADES FINANCEIRAS, PROCURE CONSELHOS DE ALGUÉM SEM NENHUM INTERESSE PESSOAL EM POSSÍVEIS SOLUÇÕES. APARENTEMENTE, AS EMPRESAS DE EMPRÉSTIMOS PARA QUITAÇÃO DE DÍVIDAS PODEM OFERECER UMA SOLUÇÃO CONVENIENTE, MAS TALVEZ NÃO SEJA DO SEU MELHOR INTERESSE. FREQUENTEMENTE, TUDO O QUE O EMPRÉSTIMO PARA QUITAÇÃO DE DÍVIDAS FAZ É AUMENTAR O TEMPO QUE VOCÊ FICARÁ DEVENDO.

45. A DETERMINAÇÃO É CAPAZ DE SOLUCIONAR QUALQUER COISA

"Morrer no deserto! Não eu! Encontramos o caminho para a Babilônia, pois a alma de um homem livre olha a vida como uma série de problemas a ser solucionados e os soluciona, enquanto a alma de um escravo se lamenta: 'O que posso fazer se não passo de um escravo?'"

A companheira de Dabasir, a quem ele tinha protegido, ofereceu-lhe a oportunidade de fugir — e Dabasir aproveitou a oportunidade. No deserto, ele perdeu as forças depois de dias sem comida e água. No entanto, algo dentro dele o incitou, e ele utilizou sua própria determinação. Assumiu a responsabilidade por seus atos, prometendo a si mesmo não só sobreviver, mas também pagar suas dívidas e prosperar.

Wallace D. Wattles fala da importância da força de vontade e da determinação em seu pequeno livro *The Science of Getting Rich (A ciência de ficar rico)*. "Quando você sabe o que pensar e o que fazer, você deve usar sua vontade para se obrigar a pensar e fazer as coisas certas, usar isso para se manter no curso correto. Usar sua mente para formar uma imagem mental do que você quer, e sustentar essa visão com fé e propósito".

Tenho certeza que, depois da falência, H. J. Heinz, Walt Disney e Milton Hershey se sentiram tentados a entregar os pontos. Mas eles não desistiram, pois estavam determinados e comprometidos com seus objetivos. E, de modo geral, o mundo se tornou um lugar melhor por causa disso. Cada um de seus nomes é sinônimo de qualidade, e eles são célebres

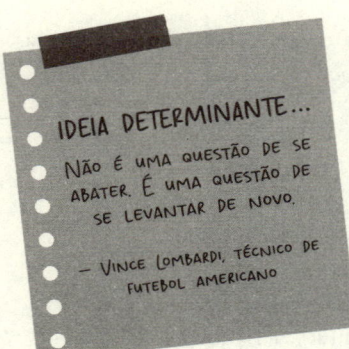

> **IDEIA DETERMINANTE...**
> Não é uma questão de se abater. É uma questão de se levantar de novo.
>
> — Vince Lombardi, técnico de futebol americano

em seus respectivos setores. Cada um ainda é reconhecido como tendo sido um empreendedor brilhante, que não se deu por vencido.

Em seu livro *As a Man Thinketh*, James Allen faz a seguinte observação: "As maiores realizações de algumas pessoas foram, inicialmente e por um tempo, apenas sonhos. O carvalho repousa na noz; o pássaro espera no ovo; e, na visão mais elevada da alma, um anjo desperto se agita. Os sonhos são as mudas das realidades. Suas circunstâncias podem ser hostis, mas não permanecem assim por muito tempo se você perceber um ideal e se esforçar para alcançá-lo".

George S. Patton, general do exército norte-americano durante a Segunda Guerra Mundial, afirmou certa vez: "Você deve ter um só objetivo. Orientar-se por uma só coisa, sobre a qual você decidiu. E, se parecer que você pode estar chegando lá, todos os tipos de pessoas, incluindo algumas que você achava que eram seus amigos leais, subitamente darão as caras... para derrubá-lo, difamá-lo e oprimi-lo". Você não pode deixar que as pessoas façam isso. Você tem de se comprometer com sua decisão, não deixando que nada o afaste do rumo.

Como todas as pessoas de sucesso, Dabasir "encontrou sua própria alma, quando compreendeu uma grande verdade", e teve a "sabedoria de entender seu poder mágico — onde há determinação, o caminho pode ser encontrado".

> **Uma ideia para você...**
> Que problema em sua vida você gostaria de resolver? Seja qual for, o primeiro passo é o compromisso. Esqueça de responsabilizar diversas pessoas ou instituições; você não ganha nada se lamuriando. Assuma a responsabilidade por sua situação, independentemente de quem é o culpado, e a determinação o ajudará a encontrar uma solução.

46. A IMPORTÂNCIA DE ESTABELECER OBJETIVOS

"Eu, Dabasir, recém-retornado da escravidão na Síria, com a determinação de saldar minhas dívidas e de me tornar um homem de posses e respeitado em minha cidade natal da Babilônia, entalho sobre a argila um registro permanente de meus negócios, para me guiar e me ajudar na realização de meus altos desejos."

Em "As tábuas de argila da Babilônia", nono capítulo de *O homem mais rico da Babilônia*, tomamos conhecimento de como Dabasir deu uma reviravolta em sua vida, passando da condição de escravo para a de um homem de negócios próspero e respeitado. Na ocasião, Dabasir provavelmente não percebeu, mas quando ele escreveu suas intenções sobre uma tábua de argila, estava aproveitando os poderes de sua mente, naquilo que a atual indústria do desenvolvimento pessoal chama de "estabelecimento de objetivos".

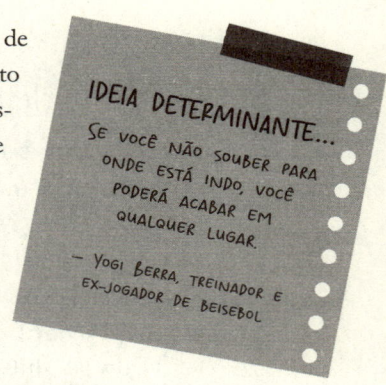

> **IDEIA DETERMINANTE...**
> Se você não souber para onde está indo, você poderá acabar em qualquer lugar.
>
> — Yogi Berra, treinador e ex-jogador de beisebol

Há alguns motivos pelos quais o fato de assumir um compromisso e documentar esse compromisso ajudará em sua realização. O primeiro motivo é óbvio: você tem de saber para onde está se dirigindo, pois, se não souber, poderá acabar em um lugar completamente diferente. O segundo motivo é, de fato, biológico.

Há uma parte do cérebro denominada sistema de ativação reticular (SAR), que, entre outras coisas, decide no que devemos prestar atenção. A experiência com o gorila, na Ideia 6, já indica que não percebemos tudo em nosso ambiente, e que aquilo que percebemos depende do que focamos no momento. Também sabemos que somos bombardeados com informações através de nossos cinco sentidos a cada minuto do dia. Se tivéssemos a percepção consciente de tudo, enlouqueceríamos. Só temos a percepção consciente daquilo que nosso SAR considerou importante.

O estabelecimento de um objetivo permite que você administre o processo de filtração e engaje seu bem mais estimado: sua mente. Estabelecer objetivos mobiliza o poder impressionante da mente, trazendo à sua atenção situações, circunstâncias e oportunidades que podem viabilizar esses objetivos. Se ganhar mais dinheiro for seu objetivo, então o SAR fará uma varredura do ambiente e o colocará a par das informações e das oportunidades associadas à ação de ganhar dinheiro. O SAR está em ação quando você decide comprar um tipo específico de carro e, então, de repente, vê aquele mesmo carro em cada rua. Os carros sempre estiveram ali, mas você simplesmente não os percebeu antes.

Você se lembra de Ideia 32, quando falei a respeito de me tornar uma escritora? Eu não era escritora por formação e não sabia como conseguiria trabalho, mas estabeleci o objetivo de qualquer maneira. Ao fazer isso, informei ao meu SAR para ficar atento às informações e circunstâncias que me permitiriam alcançar esse objetivo. Assim, quando estava em uma conversa aparentemente desvinculada do objetivo com um amigo, fui capaz de perceber a oportunidade e agarrá-la.

Atualmente, caneta e papel substituem as tábuas de argila, mas a importância de estabelecer um objetivo é tão importante hoje quanto foi para Dabasir, há mais de 8 mil anos.

> ## Uma ideia para você...
>
> Independentemente do que você quiser alcançar, você precisa definir um objetivo SMART (inteligente). Ele deve ser Specific (específico), Measurable (mensurável), As Now (agora mesmo), Realistic (realista) e Time-framed (enquadrado no tempo). Por exemplo, um objetivo SMART acerca de dinheiro seria: "Hoje é 17 de julho de 2010 (tempo); ganhei 200 mil libras esterlinas (específico e mensurável)". Está escrito no tempo presente (agora mesmo) e é possível (realista).

47. O PLANO DE PAGAMENTO DE DÍVIDA DE DABASIR

Mathon, o emprestador de dinheiro da Babilônia, reaparece oferecendo a Dabasir uma solução testada e comprovada para o pagamento de dívidas e acumulação de riqueza. "Dois décimos de tudo que eu tiver ganho serão divididos honrada e justamente entre aqueles que confiaram em mim e com os quais tenho uma dívida."

Dabasir se sente contente de aprender que: "Primeiro, o plano deve prover minha futura prosperidade. Portanto, um décimo de tudo o que eu ganhar será separado e guardado". Talvez essa seja a parte que as pessoas se esquecem. Se todo o dinheiro disponível de uma pessoa for gasto no pagamento das dívidas, então sentimentos de desesperança poderão superar os bons esforços. Desse maneira, é importante apoiar a primeira regra mesmo: antes de tudo, poupe, mesmo ao saldar a dívida.

Em seguida, Dabasir fica sabendo que deve aprender a viver com menos. "Por isso, sete décimos de tudo o que eu ganhar serão usados na casa e na compra de roupas e comida. Além disso, uma pequena parcela será destinada aos prazeres e divertimentos."

> **IDEIA DETERMINANTE...**
> Há duas maneiras de pagar dívidas: se esforçar mais para aumentar a renda ou fazer uma maior economia com os gastos.
> — Thomas Carlyle, escritor escocês

E os dois décimos restantes são utilizados para o pagamento das dívidas. Dabasir entalhou os nomes de todas as pessoas para quem devia dinheiro numa tábua de argila, juntamente com o valor devido. Então, todos os meses, ele entregava para sua mulher sete décimos de seus ganhos, poupava um décimo e distribua os dois décimos restantes igualmente entre seus credores.

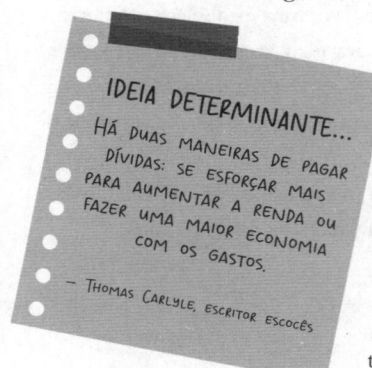

A estratégia requer que você dialogue com as pessoas para quem deve dinheiro e negocie um acordo. Como Dabasir, você pode enfrentar alguma resistência, pois os credores estão impacientes em relação à liquidação da dívida. No entanto, a maioria das organizações apreciará sua sinceridade e concordará com um cronograma de liquidação da dívida. À medida que as dívidas forem liquidadas, redistribua os dois décimos de sua renda para pagar os credores restantes e, com o tempo, você liquidará toda a dívida. Supondo, é claro, que você não utilize seus cartões de crédito e débito, e não contraia mais nenhuma dívida durante a liquidação da dívida antiga — e também supondo que você não pegou dinheiro emprestado em um banco ou instituição financeira que cobra juros altíssimos...

Em meados de 2004, o National Consumer Council (NCC), do Reino Unido, apresentou uma queixa no Office of Fair Trading contra a crescente indústria de concessão de empréstimos porta a porta, cujo valor ascende a casa dos bilhões de libras esterlinas. O estudo do NCC constatou que 80 por cento dos tomadores de empréstimo não tinham ideia da taxa de juros que pagavam, que era de 177 por cento ao ano, em média, com algumas pessoas pagando uma extraordinária taxa de 900 por cento ao ano. De maneira inacreditável, não são operações praticadas por agiotas, portando bastões de beisebol e balaclavas, mas, sim, por organizações de serviços financeiros supostamente respeitáveis. Como Pearl S. Buck, ganhadora do Prêmio Nobel de Literatura, afirma de maneira tão eloquente: "O homem estaria perdido se tivesse de recorrer a um agiota, pois os juros avançam mais rápido sobre ele do que um tigre".

Utilize o plano muito simples de Dabasir para se livrar das dívidas e "assim, no devido tempo, toda dívida certamente será paga".

> ### UMA IDEIA PARA VOCÊ...
>
> SE DOIS DÉCIMOS NÃO FOREM SUFICIENTES PARA LIQUIDAR SUA DÍVIDA RAPIDAMENTE, SEJA CRIATIVO. EXAMINE SEU GUARDA-ROUPA E ENCONTRE TODAS AS PEÇAS QUE VOCÊ NÃO USA HÁ MAIS DE UM ANO. TIRE FOTOS, ESCREVA DESCRIÇÕES ATRAENTES E COLOQUE NO EBAY. UTILIZE O DINHEIRO QUE GANHAR PARA SALDAR SEUS EMPRÉSTIMOS COM MAIS RAPIDEZ.

48. TOME A INICIATIVA

"Esperamos que o passado fale de romances e aventuras, coisas do tipo 'As mil e uma noites'. Quando, em vez disso, esse passado revela os problemas de um homem chamado Dabasir para saldar suas dívidas, percebemos que as condições desse mundo antigo não mudaram muito nesses cinco mil anos."

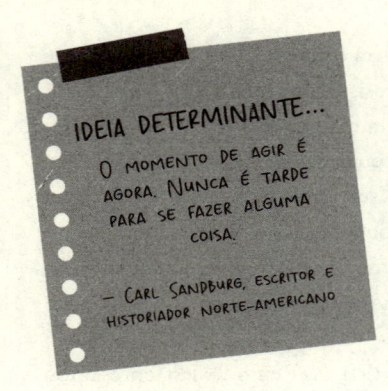

> **IDEIA DETERMINANTE...**
>
> O momento de agir é agora. Nunca é tarde para se fazer alguma coisa.
>
> — Carl Sandburg, escritor e historiador norte-americano

Em "As tábuas de argila da Babilônia", nono capítulo de *O homem mais rico da Babilônia,* Clason inclui uma carta escrita em 1934 por Alfred Shrewsbury, do departamento de arqueologia da Universidade de Nottingham. Ele relata ao professor Caldwell, que participou da escavação de ruínas da Babilônia, como ficou impressionado com a condição das tábuas que recebeu, e de como ficou surpreso com o conteúdo delas, incluindo, entre outras coisas, conselhos sobre o pagamento de dívidas. Como muitas pessoas, Alfred Shrewsbury, quer seja um personagem da vida real ou de ficção, era um homem instruído, com um bom emprego, mas mesmo assim ele e sua mulher estavam bastante endividados.

Em seu livro inovador *Millionaire Next Door* (*O milionário mora ao lado*), Thomas J. Stanley e William D. Danko descobriram que a maioria das pessoas entende tudo errado quando o assunto é riqueza. Riqueza não é a mesma coisa que renda. Se, como Alfred Shrewsbury, você tiver uma boa renda todos os anos e gastar tudo, não ficará mais rico. A riqueza é aquilo que você acumula, e não o que você gasta. Os autores também descobriram que, raramente, a riqueza se deve à sorte, à herança, aos títulos acadêmicos ou até mesmo à inteligência; na realidade, ela é resultado de trabalho duro, perseverança, planejamento e, acima de tudo, autodisciplina.

Dívida não é uma questão de classe social. É uma questão de educação e informação. Infelizmente, não somos ensinados a respeito dos efeitos catastróficos que uma dívida tem sobre nossa capacidade de criar riqueza. Se nossos pais enfrentam os mesmos problemas que nós, então é improvável que eles nos ensinem algo positivo a respeito de administração financeira. Para piorar a situação, esse assunto não é abordado na maioria das escolas. Dessa maneira, não estamos munidos das informações necessárias para avaliar o quão prejudicial pode ser uma dívida; basta ver os tomadores de empréstimo, eles não têm ideia da taxa de juros que pagam sobre os empréstimos que fazem.

No entanto, o que torna Alfred Shrewsbury diferente da maioria é que ele tomou uma iniciativa em relação ao bom conselho que recebeu, ainda que da antiga Babilônia. Desnecessário dizer que ele ficou agradavelmente surpreso com sua eficácia. Ele não era um homem jovem, mas foi capaz de prosperar. "Tudo isso a partir do mesmo velho contracheque", ele escreve. "Todas as nossas dívidas sendo gradualmente pagas e, ao mesmo tempo, nossos investimentos crescendo. Além disso, vivemos, financeiramente falando, muito melhor do que antes. Quem acreditaria poder haver tal diferença em termos de resultado entre seguir um plano financeiro e simplesmente se deixar ser levado pela correnteza."

Ele termina a carta da seguinte maneira: "Gostaríamos de estender nossos agradecimentos pessoais ao velho amigo cujo plano nos salvou de nosso 'inferno na terra'".

> **UMA IDEIA PARA VOCÊ...**
>
> Se você tiver dívidas, experimente o plano de Dabasir. Poupe um décimo de sua renda mensal, viva com sete décimos — e orce para se certificar de que é possível fazer isso — e pague suas dívidas usando os restantes dois décimos. Converse com seus credores a respeito do que você está tentando fazer e peça o apoio deles para suas iniciativas. Proponha um acordo sobre o prazo do pagamento.

49. PARA ONDE VAI O SEU DINHEIRO?

> O capítulo final do pequeno livro de Clason fala sobre "O homem de mais sorte da Babilônia". "Vendo os anéis e os brincos do jovem, ele pensou consigo mesmo: 'Ele acha que joias são para homens, embora tenha a mesma expressão enérgica do avô. Mas o avô não usava túnicas tão espalhafatosas'".

Nessa fábula, tomamos conhecimento de Sharru Nada, o príncipe mercador da Babilônia, que viaja com o jovem e arrogante neto de seu muito respeitado sócio de negócios Arad Gula. Hadan Gula, juntamente com seu pai, gastaram a herança dos dois, e Sharru Nada quer ajudá-lo a enxergar os erros cometidos antes que tudo esteja perdido. Aparentemente, as túnicas espalhafatosas e o excesso de adornos não são um problema novo e, da mesma forma que na Babilônia, os homens dos tempos modernos são tão culpados por essas fraquezas quanto as mulheres.

De acordo com analistas de pesquisas de mercado da Mintel, empresa de pesquisas, o setor de produtos de beleza masculinos, no Reino Unido, valia incríveis 685 milhões de libras esterlinas, em 2008, e deveria superar 821 milhões de libras esterlinas no ano seguinte. Um estudo da Boots, rede de drogarias, indica que o segmento de maior crescimento do setor de cosméticos e beleza é o de produtos cosméticos masculinos, que cresceu 800 por cento desde 2000. Os homens estão gastando 431 milhões de libras esterlinas em produtos para cabelos, pós-barba e

> **IDEIA DETERMINANTE...**
>
> Eu não entro nessa onda do dinheiro. Você só pode dormir em uma cama por vez. Só pode comer uma refeição por vez, ou estar em um carro por vez. Assim, não preciso ter milhões de dólares para ser feliz. Tudo o que preciso são roupas que me aqueçam, uma refeição decente, e um pouco de carinho quando tiver vontade disso.
>
> — Ray Charles, cantor norte-americano

pele. Atualmente, as revistas masculinas aplicam a mesma pressão em relação à perfeição que as mulheres sofreram durante décadas. Tentar parecer um jogador de futebol *sexy* (ou a mulher dele) é uma obsessão, para muitos. Desejar uma aparência de superestrela sem os ganhos de uma superestrela tem consequências. Sou totalmente a favor de homens que se cuidam, mas, pessoalmente, prefiro que homens sejam homens, e, se um homem leva mais tempo para se aprontar do que eu, há alguma coisa muito errada...

A fábula discute os méritos do trabalho na criação de uma vida gratificante e na adequação a um estilo de vida limitado aos ganhos. Ou seja, não gastar além das posses. Não há nada de errado em querer coisas belas. Sharru Nada também "gosta de roupas finas e usa túnicas valiosas e vistosas. Gosta de animais caros e está montado em seu impetuoso garanhão árabe". Mas ele ganhou o direito a essas coisas por meio do trabalho duro e da administração do dinheiro. Você pode não ter um desejo ardente por um impetuoso garanhão, mas enquanto você só tiver condições de comprar a roupa de grife usando crédito, não a compre. Quem se importa se você não usar o último cinto de grife? Se seus amigos o julgam por causa das roupas que você usa, então você precisa de novos amigos, e não de um novo terno.

Sharru Nada nos faz lembrar que a verdadeira riqueza é raramente exibida pelos ornamentos da riqueza, e que a juventude e a inexperiência podem muitas vezes confundir as duas. Sharru Nada gerou riqueza por meio de trabalho duro, enquanto seu neto ingrato acreditava que o "trabalho foi feito para escravos".

> **UMA IDEIA PARA VOCÊ...**
>
> Quando se trata de roupas, gaste seu dinheiro em peças boas e básicas. Foque na qualidade, e não no preço, e lembre-se de que algo nem sempre é melhor só porque é caro.

50. A DISPOSIÇÃO AJUDA A GANHAR DINHEIRO

"Mas como ele podia ajudar um jovem tão arrogante, com ideias perdulárias e as mãos cheias de joias? Podia oferecer trabalho à vontade para trabalhadores com disposição, mas nenhum para homens que se consideravam acima de um determinado ofício. No entanto, tinha de fazer algo em consideração a Arad Gula, e algo que não fosse uma tentativa pouco convincente."

Sharru Nada queria que o neto do amigo adquirisse alguma sensatez antes de perder totalmente a herança. Assim, contou-lhe sua história e como ele fora um escravo outrora...

Naqueles tempos, você podia se tornar um escravo por diversos motivos, muitas vezes não por causa de má conduta. No caso de Sharru Nada, ele pagou pelas imprudências de seus irmãos com sua liberdade, e foi vendido para um negociante de escravos. Ali, ele conheceu um homem chamado Megiddo, que ensinou a Sharru Nada de forma marcante o valor do trabalho. "Alguns homens odeiam o trabalho. Fazem dele um inimigo. É melhor tratá-lo como um amigo, aprender a gostar dele. Não importa que seja árduo. Se você apenas pensar na boa casa que está construindo, quem vai se importar se as vigas são pesadas e ficam longe do poço da água usada para a argamassa? Você não consegue progredir fugindo do trabalho."

> **IDEIA DETERMINANTE...**
> Não acho que o trabalho alguma vez realmente destruiu alguém. Acho que a falta de trabalho destrói muito mais.
>
> — Katharine Hepburn, atriz norte-americana

As questões referentes à imigração são complicadas e, sem dúvida, um país do tamanho do Reino Unido enfrenta muitos desafios por causa da política de imigração. Em grande medida, acredito que os problemas se devem ao enorme conjunto de benefícios disponíveis para qualquer pessoa recém-chegada. Ao contrário de países como a Austrália, onde os imigrantes sabem que não terão acesso aos benefícios por, no mínimo, dois anos, o Reino Unido parece sacar seu talão de cheques e perguntar: "Quanto?".

Ao mesmo tempo, as pessoas reclamam que os imigrantes tiram os empregos dos britânicos. Sem dúvida, existem exemplos disso, mas, na maioria das vezes, eles estão simplesmente tirando os empregos recusados pelos britânicos. Em *The Poles are Coming* (*Os polacos estão chegando*), documentário da BBC transmitido em 2008, a diferença na ética do trabalho foi ilustrada com eficácia avassaladora. Um polonês recém-chegado em Peterborough trabalhava duro, colhendo abóboras por 7 libras esterlinas a hora. Alguns dos moradores locais, por outro lado, colhiam seus benefícios, bebendo latas de cerveja durante o dia e se lamentando a respeito dos "estrangeiros que tiravam todos os empregos". No entanto, eles não queriam aqueles empregos, e, evidentemente, "consideravam-se acima de determinado ofício".

Dinheiro em troca de nada é ruim para a alma. Deixa a pessoa preguiçosa e acaba com o respeito próprio. Como seres humanos, prosperamos sendo úteis. Alcançamos um senso de propósito e de valor a partir do trabalho duro. É a solução mais conhecida para um bolso vazio.

Megiddo nos lembra de que o "trabalho bem-feito faz bem ao homem que o realiza e o torna um homem melhor".

> **UMA IDEIA PARA VOCÊ...**
>
> Se você estiver desempregado, faça alguma coisa. Procure uma organização local e ofereça voluntariamente seus serviços, ajude um hospital local ou um asilo de idosos. Além de experimentar uma perspectiva diferente, você se sentirá melhor — e isso pode levá-lo ao seu próximo emprego. Os empregadores reconhecem alguém que está disposto a fazer um esforço especial.

51. AS ORIGENS HUMILDES NÃO REPRESENTAM EMPECILHO

"Nesse ponto, ele me confidenciou algo que eu nunca suspeitara. 'Você não sabe, mas também fui escravo. Fiz uma sociedade com meu mestre.' 'Pare', Hadan Gula exigiu. 'Não vou ouvir mentiras que caluniam meu avô. Ele não foi escravo.' Os olhos dele faiscavam de raiva."

Sharru Nada permaneceu calmo. "Respeito seu avô por ter superado o infortúnio, tornando-se um cidadão proeminente de Damasco. Será que você é feito do mesmo molde? É homem suficiente para encarar fatos verdadeiros ou prefere viver sob falsas ilusões?"

No livro de Clason, Sharru Nada, Arad Gula e Dabasir, o negociante de camelos, foram todos escravos, mas acabaram como comerciantes ricos e figuras respeitáveis da sociedade babilônica. Gostamos de supor que as pessoas de sucesso tiveram diversas vantagens iniciais; que, no nascimento, elas foram agraciadas com requisitos que lhes deram acesso a oportunidades das quais fomos excluídos. Isso é consolador, pois, se aceitarmos esse argumento como verdade, teremos mais uma desculpa para um eventual desempenho pessoal medíocre. Para afastar esse tipo de pensamento, na última fábula do livro Clason enfatiza novamente a irrelevância de nosso passado em relação ao nosso futuro.

Há inúmeros exemplos de pessoas de origem humilde que superaram as expectativas referentes às suas trajetórias, obtendo riqueza e sucesso. Duncan Bannatyne talvez seja mais conhecido como um dos cinco empreendedores do corpo de jurados do programa de tevê *Dragons' Den*. Apesar da lista dos britânicos mais ricos de 2008 do jornal

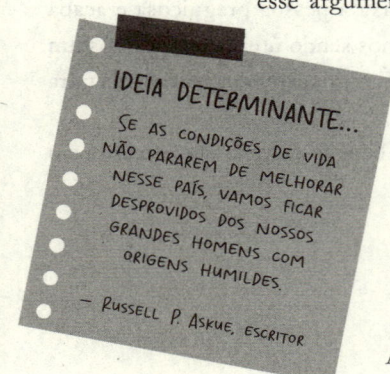

> **IDEIA DETERMINANTE...**
>
> Se as condições de vida não pararem de melhorar nesse país, vamos ficar desprovidos dos nossos grandes homens com origens humildes.
>
> — Russell P. Askue, escritor

Sunday Times estimar a fortuna de Bannatyne em 310 milhões de libras esterlinas, seu império empresarial começou quando ele tinha 29 anos e comprou, por 450 libras esterlinas, um furgão para vender sorvete. Em poucos anos, ele tinha expandido o negócio e o vendido por 28 mil libras esterlinas. Desde então, Bannatyne se envolveu com casas de repouso e creches, e, atualmente, possui a maior rede de centros de ginástica do Reino Unido.

Sir Alan Sugar também não é estranho à telinha, comandando a versão britânica de *The Apprentice*, programa de grande sucesso da tevê norte-americana apresentado por Donald Trump. Sir Alan teve origem humilde, no bairro do East End, em Londres, e, atualmente, sua fortuna está estimada em 830 milhões de libras esterlinas. Ele começou sua carreira empresarial vendendo antenas de carro e produtos elétricos em um furgão, que comprou com suas economias de 100 libras esterlinas.

Visão, determinação, paixão e persistência ditarão seu sucesso com muito mais exatidão do que a circunstância fortuita. Clason nos convida a considerar: "Se um homem tem dentro de si a alma de um escravo, não é nisso que ele se transformará, independentemente de sua origem, assim como a água que procura o seu nível? Se um homem tem dentro de si a alma de um homem livre, não se tornará respeitado e honrado em sua própria cidade, apesar de seus infortúnios?".

> **UMA IDEIA PARA VOCÊ...**
>
> Se você acha que as circunstâncias de sua vida o impedem de realizar seus sonhos, consulte a lista dos britânicos mais ricos do jornal *Sunday Times*. Muitos dos indivíduos mais ricos do Reino Unido não nasceram em berço de ouro. Se você não tem nada para começar, não tem nada a perder. Será que não vale a pena tentar?

52. A IMPORTÂNCIA DO ESPÍRITO EMPREENDEDOR

Estimulado pelo conselho sábio de Megiddo, Sharru Nada tentou chamar a atenção do padeiro local no leilão de escravos: "Ele ficou impressionado com minha disposição e começou a negociar... Por fim, para minha alegria, o negócio foi fechado. Saí dali acompanhando meu novo mestre, achando que era o homem de mais sorte na Babilônia".

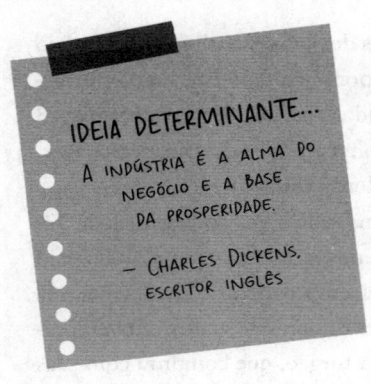

> **IDEIA DETERMINANTE...**
>
> A INDÚSTRIA É A ALMA DO NEGÓCIO E A BASE DA PROSPERIDADE.
>
> — CHARLES DICKENS, ESCRITOR INGLÊS

Sharru Nada aprendeu a arte da panificação com seu novo mestre, Nana-naid, e, em pouco tempo, já fazia com vontade todo o trabalho. Sharru Nada sugeriu que Nananaid poderia assar bolos de mel e vendê-los nas ruas. O padeiro concordou, e Sharru Nada se tornou sócio no negócio. Embora tivesse apenas um quarto do lucro, ficou feliz de ganhar algo, plantando a semente de seu futuro sucesso.

Sharru Nada demonstrou o ingrediente mais necessário em relação à prosperidade: o espírito empreendedor. Um negócio era, é e sempre será a melhor maneira de ganhar dinheiro. Uma vez ganho, esse dinheiro deve ser bem investido; mas nada é capaz de substituir um negócio na geração da renda.

Um dos principais atrativos em relação a uma empresa é o benefício fiscal oferecido. Se alguém é empregado, primeiro ele trabalha, depois tem o imposto deduzido do salário e, em seguida, recebe o valor remanescente. Se, algum dia, essa pessoa decidir começar um negócio, então a sequência de eventos mudará. Seja ela autônoma ou proprietária de empresa que emprega outras pessoas, ela, nesse caso, trabalha e, logo em seguida, recebe o dinheiro gerado pela sua atividade; depois, deduz todas as despesas do negócio e, só então, paga o imposto. Essa sequência pode fazer uma grande diferença em sua capacidade de criar riqueza.

As pessoas começam um negócio por diversos motivos. Às vezes, o movimento se inicia a partir de uma motivação externa, seja uma demissão ou a incapacidade de encontrar um emprego. Em outros casos, uma motivação interna, como aversão ao chefe, intrigas de escritório ou o reconhecimento de uma oportunidade de negócio pode ser suficiente para desencadear a mudança. Frequentemente, as mulheres são atraídas para os negócios, pois isso oferece a elas um maior controle e uma maior flexibilidade na administração dos compromissos familiares — ou simplesmente se cansaram das barreiras à ascensão profissional que são impostas a elas. Independentemente do motivo, a constituição de um negócio não é para os medrosos. No entanto, se você conseguir lidar com a incerteza, e se se sente bem dando ordens, não existem maneiras muito melhores para se alcançar a riqueza. O trabalho duro e o empreendedorismo são uma combinação poderosa.

Hadan Gula perguntou: "O trabalho foi a chave secreta de meu avô para os siclos[1] de ouro?". "Era a única chave que ele tinha quando o conheci", Sharru Nada respondeu. "Seu avô gostava de trabalhar. Os deuses apreciaram seus esforços e o recompensaram generosamente."

Depois que Hadan Gula escutou a história de como seu avô tinha conseguido tal riqueza, ele "arrancou as bugigangas das orelhas e os anéis dos dedos. Então, apertou as rédeas de seu cavalo, ficou um pouco para trás e passou a cavalgar, com grande respeito, atrás do líder da caravana".

---

1 Antiga unidade de peso.

> **Uma ideia para você...**
>
> A reversão do risco é uma boa maneira de desenvolver um negócio. Pergunte-se que problema ou medo seus clientes têm em relação ao seu setor, e se garanta contra isso. Por exemplo, os encanadores raramente são pontuais. Um novo encanador pode promover seu negócio, afirmando: "Pontualidade garantida ou serviço grátis".

CONCLUSÃO

O dinheiro é uma parte essencial da vida. No entanto, como acontece com diversas outras habilidades muito importantes para a nossa vida, não nos ensinam na escola a respeito dele. É mais comum termos aulas de trigonometria, latim e outros idiomas. Atualmente, poucas pessoas sabem o significado da palavra "frugal", muito menos como praticar a frugalidade. Em vez disso, somos estimulados a gastar hoje e nos preocupar quando o problema ocorrer. Mas, o fato é que vivemos preocupados. No Reino Unido, a taxa de suicídios chega ao seu número mais elevado em meados de janeiro, todos os anos, quando a fatura do cartão de crédito com as compras do Natal é entregue nas casas de milhares de pessoas. Mas isso se repete em todos os países do mundo, pelo mesmo motivo. Sim, o dinheiro é importante, mas nunca esses aspectos e dados foram levados em consideração para se tornar uma ação importante dos governos.

I. O pequeno livro de Clason está repleto de *insights* e sabedorias a respeito da liquidação de dívidas e da acumulação de riquezas. E embora as fábulas e os personagens possam mudar, as mensagens não mudam. Essas mensagens são sucintamente enunciadas em "As cinco leis de ouro", quinto capítulo de *O homem mais rico da Babilônia*. São elas:

II. O ouro chega de bom grado e em quantidade crescente para todo homem que investe não menos que um décimo de seus ganhos na criação de um patrimônio para o seu futuro e o de sua família.

III. O ouro trabalha de modo diligente e com satisfação para o proprietário sensato, que encontra para ele uma aplicação lucrativa, multiplicando-o como os rebanhos no campo.

IV. O ouro busca a proteção do proprietário cauteloso, que o investe de acordo com os conselhos de homens sábios.

V. O ouro escapole do homem que o investe em negócios ou propósitos com os quais não está familiarizado, ou que não são aprovados por aqueles versados em sua manutenção.

VI. O ouro foge do homem que força ganhos impossíveis ou que dá ouvidos a conselhos sedutores de trapaceiros ou maquinadores, ou que confia em sua própria inexperiência e desejos românticos nos investimentos.

Para ele, quem não tem o conhecimento das cinco leis, o ouro não chega com frequência, e vai embora rapidamente. No entanto, para aquele, que age de acordo com as cinco leis, o ouro chega e trabalha como seu escravo obediente.

Para um livro sobre riqueza, as fábulas de Clason falam frequentemente mais a respeito de ética e moral do que acerca de dinheiro. Sem dúvida, ele gosta de destacar que o dinheiro é apenas um meio para um fim, e não um fim em si mesmo. A acumulação de riqueza é uma atividade nobre quando a intenção subjacente envolve um desejo de ajudar as pessoas, trabalhar duro e agregar valor, de modo que você e seus entes queridos possam viver com segurança. Contudo, não há nada de nobre em relação à cobiça, quando a acumulação de riqueza ocorre à custa de todo o resto.

Mas como saber quando já é o suficiente? Em que momento as exibições de riqueza afrontosas, desnecessárias e narcisistas se tornam ofensivas? Há uma competição não explícita, por exemplo, pela posse do maior iate do mundo. O dinheiro gasto nessa demonstração de superioridade regida pelo ego poderia provavelmente salvar milhões de vidas na África por meio do suprimento de comprimidos contra a malária — e com as mudanças a partir disso. Em muitos momentos, os homens gastam dinheiro tentando equilibrar a relação entre o tamanho de seus iates e o seu complexo de inferioridade. E cada vez mais criam formas de extrapolar essas demonstrações excêntricas, que chega a ser ofensivo a todas as outras pessoas. Que tipo de sociedade nós criamos em que esse excesso é admirado em vez de ridicularizado?

Se você se sente estressado e infeliz, a sua dívida está fora de controle, só você pode resolver isso, mas se quer descobrir como assegurar seu futuro financeiro, *O homem mais rico da Babilônia* pode, de fato, ser a sua redenção. Não acontecerá de um dia para o outro, mas, se você começar agora e ensinar as lições do livro para seus filhos, poderá ajudar a distribuir a riqueza do mundo com um pouco mais de justiça.

MATERIAL DE REFERÊNCIA

Ideia 1
Unlimited Power, de Anthony Robbins, p. 19.

Ideia 3
The 75 Greatest Management Decisions ever made… and some of the worst, de Stuart Crainer, p. 224.

Ideia 4
Three Steps to Wealth and Power, de Christopher Howard, pp. 78-9.

Ideia 6
"Invisible gorilla steals Ig Nobel prize", de Jeff Hecht, *New Scientist*, 1o de outubro de 2004.

Ideia 7
"Rags to riches: The lottery winner who blew his £10 million jackpot — and is now £2 million in debt", de Chris Brooke, *Daily Mail*, 11 de fevereiro de 2008.

Ideia 8
The Rise and Fall… and Rise Again, de Gerald Ratner.

Ideia 11
Think and Grow Rich, de Napoleon Hill.

"*Britain's Got Talent*", site da Internet, competição de 2008.

As A Man Thinketh, de James Allen.

Ideia 12
Seven Strategies for Wealth and Happiness, de Jim Rohn, p. 12.

Ideia 13
"*Key Facts about The National Lottery*", Camelot Press Office, 31 de março de 2007.

"IMF: $1T In Subprime losses", de Paul Tharp, *New York Post*, 9 de abril de 2008.

Ideia 14
"Billionaires and their taxes", de Nick Louth, *Money*, 14 de setembro de 2007.

"Check your tax code you may be entitled to a refund", site *Bytestart*.

"Have you paid too much tax through PAYE?", site *Direct.gov.uk*

Ideia 15
"Debt Facts and Figures — Compiled 1st February 2008", site *Credit Action*.

Ideia 16
"Debt Facts and Figures — Compiled 1st February 2008", site *Credit Action*.

Ideia 17
"*Key Facts about The National Lottery*", Camelot Press Office, 31 de março de 2007.

Ideia 18
"*This is red button*", site.

Ideia 19
"The Endowments Problem", site *Which?*

"Q&A: Endowment mortgage shortfall", site da *BBC*

Ideia 22
"Nigeria scams 'cost UK billions'", site da *BBC*, 20 de novembro de 2006.

"Turning the tables on Nigeria's e-mail conmen", de Dan Damon, site da *BBC*, 13 de julho de 2004.

Ideia 24
"Borrowing six times your salary", de Faith Archer, *Daily Telegraph*, 14 de abril de 2007.

Ideia 27
"Barclays chief brands credit cards a rip-off", de Andrew Cave, *Daily Telegraph*, 17 de outubro de 2003.

"Debt Facts and Figures — Compiled 1st February 2008", site *Credit Action*.

"Money Sickness Syndrome could affect almost half the UK population", *Axa Media Centre Press Release*, 20 de janeiro de 2006.

Ideia 28
"The Tax Guide", site.

Ideia 29
"Just why are the British so stingy?", de Richard Morrison, *Times Online*, 20 de fevereiro de 2008.

"False charity: is our generosity being wasted?", de Nic Cicutti, *MSN Money*, 12 de abril de 2007.

"Warren Buffett gives away his fortune", de Carol J. Loomis, *Fortune Magazine*, 25 de junho de 2006.

Ideia 30
The Underground History of American Education, de John T. Gatto.

Ideia 31
British Gambling Prevalence Survey 2007, National Centre for Social Research.

Report: Gambling or Gaming Entertainment Or Exploitation?, The Church of England Ethical Investment Advisory Group, fevereiro de 2003.

Ideia 32
Página corporativa da Google — Informações a respeito da história da empresa.

Ideia 33
Página corporativa da Google — Informações a respeito da história da empresa.

Ideia 34
"Bad heir day: Paris Hilton to inherit just £2.5 million as grandfather pledges bulk of fortune to charity", *Daily Mail Online*, 29 de dezembro de 2007.

"Handing it down", de Finlo Rohrer, *BBC News Magazine*, 30 de janeiro de 2008.

Ideia 35

"Le Rogue Trader: Financial world left stunned by £3.7bn fraud", de John Lichfield, *Independent*, 25 de janeiro de 2008.

Ideia 36

"On this day", *BBC News*, 19 de outubro de 1987.

Ideia 37

"Headmaster hanged himself after racking up online gambling debts", *Daily Mail Online*, 20 de setembro de 2007.

"Online bingo jackpot is on the cards", de Matthew Goodman, *Sunday Times*, 20 de maio de 2007.

"Online poker addict jailed for a year", de Simon de Bruxelles, *The Times*, 31 de dezembro de 2005.

Ideia 41

"Credit Suisse expects to post quarterly loss after 'misconduct' by traders", de Susanne Fowler, *International Herald Tribune*, 20 de março de 2008.

"Credit Suisse fuels fear of new wave of losses", de Nick Clark, *Independent*, 21 de fevereiro de 2008.

"Mervyn King: Banks paying price for their greed", de Gary Duncan e Grainne Gilmore, *The Times*, 30 de abril de 2008.

Ideia 43

The Science of Getting Rich, de Wallace D. Wattles, capítulo 9.

Ideia 44

"Runaway debts leave thousands high and dry", *Daily Telegraph*, 26 de julho de 2006.

Speaker's Library of Business Stories Anecdotes and Humour, de Joe Griffith, p. 29

Ideia 45

The Science of Getting Rich, de Wallace D. Wattles, capítulo 9.

Speaker's Library of Business Stories Anecdotes and Humour, de Joe Griffith, p. 93

As a Man Thinketh, de James Allen.

Ideia 46

Unleash the Giant Within, de Anthony Robbins, p. 289

Ideia 47

"Doorstep lenders under scrutiny", *BBC news channel*, 14 de junho de 2004.

Ideia 48

The Millionaire Next Door, de Thomas J. Stanley e William D. Danko, p. 2.

Ideia 49

"Who said beauty is only for women?", de Sarah Howden, *Scotsman*, 12 de junho de 2008.

Ideia 50

"The £7-per-hour jobs locals don't want", *BBC news channel*, 11 de março de 2008.

Veríssimo

ESTA OBRA FOI IMPRESSA
EM JANEIRO DE 2025